电动汽车构造原理与检修

赵振宁 李 勇 翟来涛 编著

北京理工大学出版社
BEIJING INSTITUTE OF TECHNOLOGY PRESS

内 容 提 要

本书主要讲述电动汽车典型结构组成、每部分组成的故障现象、排除方法和典型故障实例，主要内容包括电动汽车组成、电池及其管理系统、高压配电箱原理与诊断、电动汽车电机、汽车变频器原理与诊断、汽车充电原理与故障诊断、直流/直流转换器、电动汽车空调、减速箱驻车挡、电动汽车故障分析方法。

本书是编者根据近10年的电动汽车理论和实践编写而成，可作为高职高专汽车相关专业教材，也可作为汽车新技术培训参考书。

版权专有　侵权必究

图书在版编目（CIP）数据

电动汽车构造原理与检修/赵振宁，李勇，翟来涛编著. --北京：北京理工大学出版社，2021.7（2025.1重印）
ISBN 978-7-5763-0024-6

Ⅰ.①电… Ⅱ.①赵… ②李… ③翟… Ⅲ.①电动汽车－构造②电动汽车－车辆修理　Ⅳ.①U469.72

中国版本图书馆CIP数据核字（2021）第136367号

责任编辑：高雪梅		**文案编辑**：高雪梅	
责任校对：周瑞红		**责任印制**：李志强	

出版发行 / 北京理工大学出版社有限责任公司
社　　址 / 北京市丰台区四合庄路6号
邮　　编 / 100070
电　　话 /（010）68914026（教材售后服务热线）
　　　　　（010）68944437（课件资源服务热线）
网　　址 / http: //www.bitpress.com.cn

版 印 次 / 2025年1月第1版第4次印刷
印　　刷 / 河北鑫彩博图印刷有限公司
开　　本 / 787 mm×1092 mm　1/16
印　　张 / 13.5
字　　数 / 276千字
定　　价 / 49.90元

图书出现印装质量问题，请拨打售后服务热线，负责调换

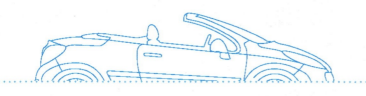

前言

电动汽车是集机、电学科领域中最新技术于一身的产品，是国家工业发展水平的重要标志之一，是推进新型工业化，加快建设汽车制造强国，推动制造业向高端化、智能化、绿色化发展，提升战略性资源供应保障能力，实现绿色、环保和低碳发展的重要支撑产业。

本书贯彻落实党的二十大精神，以立德树人为根本宗旨，德才兼备的高素质人才是国家和民族长远发展之大计。为满足汽车产业对高素质、高技能人才的需要，作者与中国一汽研发院人员合作编著了本书，最大程度保证了教材在编写上充分体现新能源汽车产业关键技术的最新发展。

本书的内容特点：按照电动汽车各个系统的结构、原理和检修程序进行编写。为了达到良好的教学效果，本书选用国内销售量最好的吉利车系和比亚迪车系作为参考车型，故障案例和测量实践全部来自编者亲身实践，并非他人资料的简单堆积。为了达到理论与实际结合紧密的效果，编者通过分解实车，测绘出原理图，再分析出不同控制思路下的工作原理，并进行了实车验证，形成了一线工作的第一手资料。在电动汽车检修上，目前国内没有一种测量电动汽车高压电网电路的标准操作方法，电动汽车有低压电源、高压电源、绝缘检测电源共三种电源存在，因而在实践中经常出现测量方法错误的问题，对此本书提供了标准测量方法。另外，本书也提供了测量高压元件本身损坏的方法，为确认元件损坏进行后期的更换或维修提供了依据。

本书的编写特点：介绍了典型电动汽车的组成和各组成的功能，按各个高压元件的故障现象、排除方法和典型故障实例讲解；高压元件按照高压电池、高压配电箱、电机、变频器、DC/DC 转换器、空调压缩机和 PTC 加热器、车载充电机的顺序讲解；电动汽车驻车挡的组成、原理、故障现象、排除方法与传统汽车不同，本书给出了典型故障实例；总结了电动汽车故障分析方法，为了方便分析，本书提供了吉利电动汽车、比亚迪电动汽车的电路图，是按系统电路图制作、实车测绘的，实用性强。

本书由长春汽车工业高等专科学校赵振宁、山东交通职业学院李勇、中国一汽研发院新能源汽车试制部翟来涛编著，对本书内容的复制使用需经编者授权。编者自创"百慕大汽车技术"视频网 www.bmdcar.com，解析新能源技术，本网对编者的全部著作进行讲解，并有相对应实车演示示例。

由于编者水平有限，书中难免有不妥和不足之处，殷切期望广大师生和读者不吝批评指正。

编　者

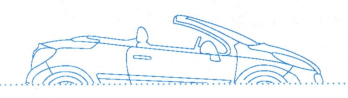

目 录

第 1 章 电动汽车组成 ··· 001
1.1 典型电动汽车组成 ·· 001
1.1.1 单电机轿车 ·· 001
1.1.2 单电机客车 ·· 002
1.2 典型工作任务：电动汽车的使用与保养 ··· 003
1.2.1 电动汽车仪表的使用 ·· 003
1.2.2 电动汽车保养 ··· 006

第 2 章 电池及其管理系统 ·· 008
2.1 锂离子电池简介 ·· 008
2.1.1 锂离子电池组成 ·· 008
2.1.2 不同锂离子电池特点 ·· 009
2.1.3 锂离子电池工作原理 ·· 011
2.2 锂离子电池箱 ··· 012
2.2.1 锂离子电池箱的功能 ·· 012
2.2.2 锂离子电池箱铭牌 ··· 012
2.2.3 锂离子电池箱盖 ··· 012
2.2.4 电池箱分解 ·· 013
2.2.5 锂离子电池的成组化 ·· 015
2.3 电池管理系统功能 ·· 016
2.3.1 电池管理系统诊断 ··· 017
2.3.2 电池箱温度管理系统诊断 ·· 020
2.4 典型工作任务 1：更换电池 ·· 022
2.4.1 电池箱拆装要点 ·· 022
2.4.2 电池箱拆装过程 ·· 024
2.4.3 电池箱组装要点 ·· 024
2.5 典型工作任务 2：电池管理系统数据分析 ·· 025
2.5.1 自诊断界面 ·· 025
2.5.2 自诊断数据解析 ·· 026

2.6 典型工作任务 3：比亚迪电池管理系统数据分析 ……………………… 027
　2.6.1 电池管理自诊断界面 …………………………………………… 027
　2.6.2 电池容量标定程序 ……………………………………………… 030
　2.6.3 VTOG 数据 ……………………………………………………… 032

第 3 章　高压配电箱原理与诊断 …………………………………………… 033
3.1 吉利高压配电箱原理与诊断 ………………………………………… 033
　3.1.1 吉利 EV300 高压网络 …………………………………………… 033
　3.1.2 高压工作原理 …………………………………………………… 034
　3.1.3 高压继电器触点监控 …………………………………………… 036
3.2 比亚迪 E6 高压配电箱原理与诊断 …………………………………… 037
　3.2.1 高压配电箱简介 ………………………………………………… 037
　3.2.2 高压上电流程 …………………………………………………… 038
3.3 典型工作任务 1：高压配电箱的带电测量 …………………………… 042
　3.3.1 带电测量高压配电箱 …………………………………………… 042
　3.3.2 高压配电箱组装要点 …………………………………………… 043
　3.3.3 高压注意事项 …………………………………………………… 043
　3.3.4 低压参考点的选取 ……………………………………………… 044
　3.3.5 高压直流保险丝测量 …………………………………………… 044
　3.3.6 高压直流继电器测量 …………………………………………… 045
3.4 典型工作任务 2：吉利高压配电箱的数据分析 ……………………… 046
　3.4.1 高压配电箱数据分析界面 ……………………………………… 046
　3.4.2 高压配电箱数据分析 …………………………………………… 046
3.5 典型工作任务 3：比亚迪高压配电箱的数据分析 …………………… 047
　3.5.1 高压配电箱数据分析界面 ……………………………………… 047
　3.5.2 高压配电箱数据分析 …………………………………………… 047

第 4 章　电动汽车电机 ……………………………………………………… 048
4.1 电动汽车电机简介 …………………………………………………… 048
　4.1.1 电机种类 ………………………………………………………… 048
　4.1.2 电动汽车对电机的要求 ………………………………………… 049
4.2 汽车永磁同步直流无刷电机 ………………………………………… 050
　4.2.1 永磁无刷电动机优点 …………………………………………… 050
　4.2.2 直流电动机模型 ………………………………………………… 050
　4.2.3 三相直流无刷电动机 …………………………………………… 051
　4.2.4 电机铭牌 ………………………………………………………… 052
4.3 电动汽车感应电动机 ………………………………………………… 053
　4.3.1 感应电动机种类 ………………………………………………… 053
　4.3.2 感应电动机结构 ………………………………………………… 053

4.3.3　电动汽车变频电动机铭牌…………………………054
　4.4　典型工作任务：汽车电机故障诊断方法………………057
　　4.4.1　系统自诊断数据……………………………………057
　　4.4.2　汽车电机异响………………………………………057
　　4.4.3　电机故障确认………………………………………058

第5章　汽车变频器原理与诊断……………………………060
　5.1　逆变桥导通方式…………………………………………060
　　5.1.1　两两导通……………………………………………060
　　5.1.2　三三导通……………………………………………061
　5.2　电机控制的本质…………………………………………062
　　5.2.1　电机控制系统组成…………………………………062
　　5.2.2　定时控制和定量控制………………………………062
　5.3　典型工作任务：吉利变频器维修数据分析……………064
　　5.3.1　数据流界面…………………………………………064
　　5.3.2　数据流解析…………………………………………066

第6章　汽车充电原理与故障诊断…………………………068
　6.1　充电方式简介……………………………………………068
　　6.1.1　常规充电方式………………………………………068
　　6.1.2　快速充电方式………………………………………069
　　6.1.3　无线充电方式………………………………………069
　　6.1.4　未来其他前沿技术…………………………………072
　　6.1.5　如何解释 V to X ……………………………………072
　6.2　充电机功能简介…………………………………………073
　　6.2.1　充电桩………………………………………………073
　　6.2.2　充电机功能…………………………………………073
　　6.2.3　充电模式及数据处理………………………………074
　　6.2.4　监控功能……………………………………………075
　　6.2.5　显示输出功能………………………………………075
　　6.2.6　通信信息……………………………………………076
　　6.2.7　电动汽车智能充电及管理系统功能………………076
　6.3　传导式充电接口…………………………………………077
　　6.3.1　充电接口形式………………………………………077
　　6.3.2　充电模式和插头颜色………………………………078
　　6.3.3　符号标志……………………………………………078
　　6.3.4　交流充电接口………………………………………079
　　6.3.5　直流充电接口………………………………………079
　　6.3.6　充电接口工作原理…………………………………082

6.4 随车充电枪充电原理 084
　　6.4.1 随车充电枪 084
　　6.4.2 充电原理 084
6.5 交流充电桩原理 085
　　6.5.1 交流充电桩直接带枪的充电桩基本原理 085
　　6.5.2 交流充电桩不带枪的充电桩基本原理 086
6.6 典型工作任务：充电机数据分析 087
　　6.6.1 充电数据界面 087
　　6.6.2 充电数据分析 087

第 7 章　直流 / 直流转换器 089

7.1 DC/DC 转换器简介 089
　　7.1.1 DC/DC 转换器定义 089
　　7.1.2 DC/DC 转换器分类 090
7.2 电动汽车用电负荷 091
　　7.2.1 保留铅酸蓄电池的必要性 091
　　7.2.2 电气系统 12 V/24 V 负荷 091
　　7.2.3 高压用电功率 092
7.3 DC/DC 转换器工作原理 093
　　7.3.1 基本 DC/DC 转换器 093
　　7.3.2 全桥 DC/DC 转换器 094
　　7.3.3 双向 DC/DC 转换器 096
7.4 典型 DC/DC 转换器举例 097
　　7.4.1 DC/DC 转换器控制功能 097
　　7.4.2 降压型 12 V 转换器 098
7.5 典型 DC/DC 转换器诊断与维修 100
　　7.5.1 2017 年款吉利 EV300 电动汽车 DC/DC 转换器 100
　　7.5.2 2017 年款北汽 EV160 电动汽车 DC/DC 转换器 102
　　7.5.3 2015 年款奔腾 B50EV 电动汽车 DC/DC 转换器 103
7.6 直流转换器保险故障实例 103
　　7.6.1 故障现象 103
　　7.6.2 故障原因 104
　　7.6.3 故障诊断 104
　　7.6.4 诊断思路回顾 105
7.7 DC/DC 转换器损坏故障实例 105
　　7.7.1 故障现象 105
　　7.7.2 故障原因 105
　　7.7.3 故障诊断与排除 106
7.8 典型工作任务 1：吉利 DC/DC 转换器诊断 107

7.8.1	诊断数据界面	107
7.8.2	DC/DC 转换器的电压及电流测试	109

7.9 典型工作任务 2：比亚迪 DC/DC 转换器诊断 109
    7.9.1 诊断数据界面 109
    7.9.2 DC/DC 转换器的电压测试 109
    7.9.3 DC/DC 转换器的电流测试 110

第 8 章 电动汽车空调 111

8.1 空调工作原理 111
    8.1.1 空调制冷 / 制热方式 111
    8.1.2 电动汽车制冷过程 117

8.2 汽车热泵式空调 121
    8.2.1 直接式热泵空调 121
    8.2.2 间接式热泵空调 121
    8.2.3 补气增焓直接式热泵空调 124

8.3 制冷和制热故障诊断与排除 131
    8.3.1 纯电动汽车空调不制冷故障诊断 131
    8.3.2 纯电动汽车空调无暖风故障诊断与排除 133

8.4 典型工作任务 1：吉利空调数据分析 136
    8.4.1 空调数据界面 136
    8.4.2 空调数据分析 138

8.5 典型工作任务 2：比亚迪空调数据分析 139

8.6 典型工作任务 3：电动压缩机拆装关键步骤 140

第 9 章 减速箱驻车挡 142

9.1 纯电动汽车传动系统组成 142
    9.1.1 纯电动汽车传动系统分类 142
    9.1.2 减速箱结构 143
    9.1.3 乘用车传动系统 143
    9.1.4 客货车传动系统 144

9.2 典型减速箱原理与诊断技术 146
    9.2.1 减速箱 146
    9.2.2 P 挡电机控制器 146
    9.2.3 驻车挡故障排除 149

9.3 典型工作任务 1：吉利驻车挡锁止电机数据分析 150
    9.3.1 驻车挡锁止数据界面 150
    9.3.2 驻车挡锁止数据 150

9.4 典型工作任务 2：比亚迪驻车挡锁止数据分析 151
    9.4.1 驻车挡锁止数据界面 151

9.4.2　驻车挡锁止数据分析 ·· 151

第10章　电动汽车故障分析方法 ·· 152
10.1　电动汽车无IG挡仪表显示异常 ··· 152
10.1.1　故障现象 ·· 152
10.1.2　故障原因 ·· 153
10.1.3　诊断过程 ·· 154
10.2　电动汽车无法启动故障 ··· 154
10.2.1　故障现象 ·· 154
10.2.2　故障原因 ·· 154
10.2.3　诊断过程 ·· 155
10.3　电动汽车加速无力故障 ··· 155
10.3.1　故障现象 ·· 155
10.3.2　故障原因 ·· 156
10.3.3　诊断过程 ·· 156
10.4　电动汽车无法充电故障 ··· 156
10.4.1　故障现象 ·· 156
10.4.2　故障原因 ·· 157
10.4.3　诊断过程 ·· 158

附录　纯电动汽车电路图 ·· 160

参考文献 ··· 186

电动汽车构造原理与检修学习评价手册 ··· 187

第 1 章
电动汽车组成

能说出纯电动汽车电力驱动部分组成；
能说出纯电动汽车变速器的特点；
能画出纯电动轿车电力驱动组成示意图；
能画出纯电动客车电力驱动组成示意图。

能更换纯电动汽车冷却系统防冻液；
能更换纯电动汽车变速箱的齿轮油。

1.1 典型电动汽车组成

电动汽车包括混合动力汽车、纯电动汽车和燃料电池汽车三种，本书以后提到的电动汽车为纯电动汽车。

目前，商品化的电动汽车多为单电机结构，双电机结构应用在四驱车型中。多电机结构由于成本高、技术控制难度大，经常在电动汽车原理性教材中介绍其优越性。未来，多电机结构在商品化轿车中必要性也不是很大，商品化可能性极小。所以，本书仅针对单电机结构的电动汽车进行介绍。只要弄懂了单电机结构，对多电机结构的电动汽车就不难理解了。

1.1.1 单电机轿车

图 1-1 所示为纯电动前驱电动汽车，单电机轿车驱动采用锂离子电池、电动汽车变频器、电机三部分组成的动力系统，由二级减速器和差速器组成传动系统，两个系统组成了电动汽车的电力驱动系统。

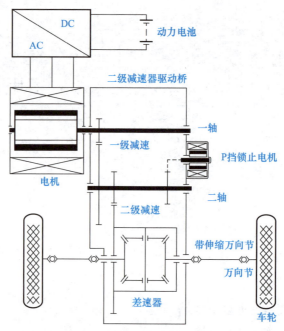

图 1-1　纯电动汽车电力驱动系统组成（前驱车型）

其电力驱动系统的工作原理为：锂离子电池的电能经正、负两条供电电缆加到变频器上，变频器将直流电换流为三相交流电给电机，电机转动后，转速经减速箱里的二级主减速器降速增扭后到达差速器，经差速器两侧半轴到车轮。

电子换挡杆位于 D 挡时电机正转，位于 R 挡时电机反转，位于 N 挡时电机停转，位于 P 挡（或按下 P 挡开关）时，驻车电机经减速机构制动驻车棘轮，阻止驱动轮转动。

四轮驱动汽车采用双电机结构，本质是两套电力驱动系统的重复，这里不再赘述。

1.1.2　单电机客车

图 1-2 所示为纯电动客车，客车采用后驱动形式，与前驱动（图 1-1）相比主要是采用了二挡或三挡的变速器以增加电机的效率。通过在客车上增加变速器，可降低动力电池的电压、变频器的容量和电机的功率，从而在一定程度上降低电动汽车成本，也降低了传动系统的噪声。

其电力驱动系统的工作原理为：锂离子电池的电能经正、负两条供电电缆加到变频器上，变频器将直流电换流为三相交流电给电机，电机转动后，转速经变速箱里的二挡变速器降速增扭后到达传动轴，经传动轴到主减速器到差速器，经差速器两侧半轴到车轮。

同样也是电子换挡杆位于 D 挡时电机正转，位于 R 挡时电机反转，位于 N 挡时电机停转。客车的 P 挡制动系统位于 P 挡（或按下 P 挡开关）时与传统汽车相同。例如，在液压制动的汽车上，中小型车上采用中间传动轴制动方式；在通常采用气压制动的大型客/货车上，通过解除（放掉）制动鼓中气压实施弹簧制动，实现后轮驻车（通常也是驱动轮）。

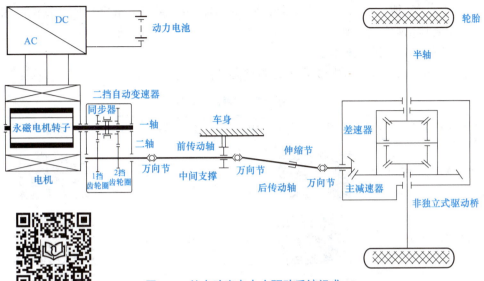

图1-2 纯电动客车电力驱动系统组成

对于国内一些低档客车也有采用取消变速器的形式,这种车型通常是试制中的产品。取消变速器的形式不仅增加了客户购车时电池、变频器和电机的成本,还增加了未来的使用成本。

1.2 典型工作任务:电动汽车的使用与保养

纯电动汽车的使用主要集中在汽车仪表(图1-3),如指示灯、警报灯、故障灯。

图1-3 电动汽车仪表

1.2.1 电动汽车仪表的使用

1. 动力电池荷电状态

动力电池荷电状态指示动力蓄电池的剩余电量,多用指针式显示,也可采用数字模拟指示条、数字式显示器。当SOC（State Of Charge，荷电状态）低于某一规定下限值，应特别明显地标示出来。如果使用动力蓄电池更换系统，最好能自动复位，如不能自动恢复到充满状态，则应人工复位。

2. 指示灯、故障灯和警告灯

电动汽车的指示灯、故障灯、警告灯名称和图案见表1-1。

表1-1 指示灯、故障灯和警告灯

仪表灯名称	图案	仪表灯名称	图案
电机及变频器故障灯		整车系统故障灯	
动力电池故障灯		动力电池断开指示灯	
动力电池过热警告灯		高压上电就绪指示灯	READY（OK）
绝缘等级低警告灯		经济模式指示灯	ECO
动力电池电量不足指示灯		运动模式指示灯	SPORT

电动汽车专用灯含义如下：

（1）电机及变频器故障灯。该故障灯亮起表示汽车电机及变频器有故障或过热。其故障指示目前多由电机变频器向整车控制器发送，再由整车控制器触发仪表。未来的发展方向是诊断仪可与变频器系统直接通信，不经整车控制器。若为过热需要靠边停车，自然冷却。如果故障灯熄灭可继续行驶，如故障灯不熄灭或者频繁亮起，则需要去维修店检查。

（2）动力电池故障灯。该故障灯亮起动力蓄电池可能存在故障，应慢速行驶或及时维修，如果能够感觉到明显的故障，最好不要行车，应申请救援。原因为电池管理系统（BMS）内部存有故障码，例如，电池之间的电压不一致、内阻不一致或温度不一致等。其故障指示目前多由电池管理系统向整车控制器发送，再由整车控制器触发仪表。未来的发展方向是诊断仪可与电池管理系统直接通信，不经整车控制器。

（3）动力电池过热警告灯。该警告灯亮起说明动力蓄电池过热，此时最好不要继续行驶，应该靠边停车，等待蓄电池冷却，等故障灯熄灭后再行驶。电池管理系统正常的情况下此灯不会点亮。

（4）绝缘等级低警告灯。该警告灯亮起表示动力蓄电池绝缘性能降低，很多时候都是长时间淋雨造成的，静放几天等车辆干燥了或许能好，如不能，需要去维修店检修。原因是正极或负极母线有裸露与车身相连，或通过杂质相连，应及时排除这类故障。

（5）动力电池电量不足指示灯。当动力蓄电池电量低于30%时，该指示灯亮起，表示动力蓄电池电量不足，可能不能满足驾驶里程的需求。这个时候，就需要及时充电，当动力蓄电池电量高于35%时，故障灯就会熄灭。该指示灯相当于传统汽车的燃油存量不足指示灯。

（6）整车系统故障灯。该故障灯亮起说明整车控制器内部有了故障码，这个故障灯出现频率较高。大多数时候会与其他故障灯一同亮起，表示动力系统故障；如果这个故障灯单独亮起，则代表系统总线通信出现故障，需及时维修。

（7）动力电池断开指示灯。该指示灯亮起表示动力蓄电池不能提供动力来源，蓄电池动力已切断，需及时维修。

（8）高压上电就绪指示灯。绿色的READY指示灯亮，表示上电就绪，有的车采用OK灯表示，含义为电池箱内的高压电经过高压配电箱的上电继电器加到变频器上，电机处于可驱动状态。

（9）经济模式指示灯。同样加速踏板位置或变化速率下，电机动力性减弱，但耗电量明显减小。

（10）运动模式指示灯。同样加速踏板位置或变化速率下，电机动力性增强，但耗电量明显增加。

个别电动汽车的仪表可能有下列功能：

（1）动力电池电压表。动力蓄电池一般不设计电压表，一些电动汽车设计了电压表，也只是采用数字显示。驾驶员踩下踏板时，数字显示的电压变动量大，数字变动太快，对驾驶员基本没有意义。

建议：在仪表的标度盘上应标示出恰当的工作电压范围。为增加指示值的准确性，在工作范围内宜使用扩展标度。

（2）动力电池电流表。该表用来测量流过动力蓄电池的电流，一般不设计，若设计多采用指针表或条状指示表。在仪表的标度盘上应规定准确的"0"位置，对于具有再生制动功能的车辆，在标度盘"0"位置的两个方向上都应标示出正常工作电流的范围。

建议：少数国产电动汽车会采用数字显示，这种情况不太合理，容易引起驾驶员的过多关注，使驾驶员注意力不集中。

（3）电机转速表。实际中电机转速突变较频繁，一般不设计电机转速表，若设计多采用指针表或条状指示表，当转速超过某一规定值，应特别明显地标示出来。

建议：不设计电机转速表，以防引起驾驶员的过多关注。

仪表的中央信息显示屏的故障信息提醒一般如下：

（1）电机超速提醒信息。当电机超速时，最好用声信号连同光信号向驾驶员发出警告。

（2）蓄电池剩余容量下限提醒信息。当动力蓄电池剩余容量低于某个百分数（如25%）时，应通过信号装置提醒驾驶员。

（3）高压绝缘性能下降提醒信息。当绝缘电阻和爬电距离低于规定值时应通过信号装置提醒驾驶员。

绝缘电阻可包括动力蓄电池绝缘电阻、动力系统和车辆电底盘之间绝缘电阻、动力系统和辅助电路之间绝缘电阻；爬电距离包括蓄电池连接端子间的爬电距离、带电部件与电底盘之间的爬电距离。

（4）驾驶员不安全停车提醒信息。当驾驶员离开车辆，如果驱动系统仍处于"可行驶"状态，应通过信号装置提醒驾驶员。

1.2.2 电动汽车保养

1. 更换冷却液

按厂家使用手册提供的冷却液更换周期来更换冷却液，更换方法是断开散热器下水管，放出冷却液（图1-4），两个储液罐（图1-5）的液面需重新加注到位于最低液位 MIN 和最高液位 MAX 之间。

图1-4　放出电机冷却系统的冷却液　　图1-5　冷却液储液罐液面加注位置

【专业指导】两个储液罐的问题

这里更换的冷却液是电机、变频器、DC/DC 转换器、车载充电机等共用的冷却液循环系统的冷却液。大罐冷却液是电机、变频器、DC/DC 转换器、车载充电机等共用的冷却液循环系统的冷却液；小罐冷却液是电池制冷和制热循环使用的冷却液。小罐电池制冷和制热时的冷却液也要随大罐冷却液的同周期更换。

2. 更换齿轮油

二级减速箱的齿轮油按厂家使用手册提供的齿轮油更换周期更换，减速箱装有放油螺栓（图1-6）和加油螺栓（图1-7）。

图 1-6 二级减速箱的放油螺栓

图 1-7 二级减速箱的加油螺栓

第 2 章
电池及其管理系统

能说出三元锂离子电池的特点；
能说出磷酸铁锂离子电池的特点；
能说出固态锂离子电池的特点；
能说出吉利电池箱内电池的特点；
能画出电池箱的内部结构示意图；
能说出电池箱的制冷和制热原理。

能更换纯电动汽车电池箱；
能更换纯电动汽车电池箱内的一组电池。

目前，实用商品化的纯电动汽车统一采用锂离子电池，就目前来判断，未来很长一段时间仍只有锂离子电池。

2.1 锂离子电池简介

2.1.1 锂离子电池组成

锂离子电池主要由电极、隔膜、电解质和外壳组成。正极主要为含锂的化合物，常见的正极材料包括钴酸锂（LCO）、锰酸锂（LMO）、三元材料（NCM）、磷酸铁锂（LFP）等。大多采用石墨作为负极材料。隔膜是一层具有电绝缘特性的物质，它可以把正、负极分隔开，具有使电解质中离子通过的能力。常用的电解质通常为有机物，外壳有钢壳、铝塑膜。铝塑膜大多由耐磨层、铝层、防腐蚀层、黏结层组成。其中,耐磨层是电池的外表面,可以防止汽车长期运行中电池位置错动引起的磨损,铝层可以起到防止水分进入的作用。

下面重点介绍普通锂离子电池、磷酸铁锂(LiFePO$_4$)离子电池和固态锂离子电池三种。

2.1.2 不同锂离子电池特点

1. 普通锂离子电池特点

目前,市场上的锂离子电池正极材料主要是氧化钴锂(LiCoO$_2$),另外还有少数采取氧化锰锂(LiMn$_2$O$_4$)和氧化镍锂(LiNiO$_2$)及三元材料[Li(NiCoMn)O$_2$]。不同正极材料锂电池放电曲线如图2-1所示。

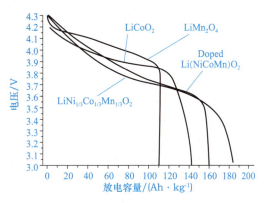

图2-1 不同正极材料锂电池放电曲线对比

普通锂离子电池有如下优点:

(1)普通单体电池工作电压高达3.7 V,是镍氢电池的3倍,是铅酸电池的近2倍。

(2)质量轻,比能量大,高达150 Wh/kg,是镍氢电池的2倍、铅酸电池的4倍,因此质量是相同能量的铅酸电池的1/3~1/4。

(3)体积小,高达400 Wh/L,是铅酸电池的1/2~1/3。

(4)提供了更合理的结构和更美观的外形的设计条件、设计空间和可能性。

(5)循环寿命长,循环次数可达1 000次。以容量保持60%计,电池组100%充放电循环次数可以达到600次以上,使用年限可达3~5年,寿命约为铅酸电池的2~3倍。

(6)自放电率低,每月不到5%。

(7)允许工作温度范围广,低温性能好,锂离子电池的工作温度范围为 –20 ℃~+55 ℃。

(8)无记忆效应,所以每次充电前不必像镍镉电池、镍氢电池一样需要放电,可以随时随地进行充电。

(9)电池充放电深度,对电池的寿命影响不大,可以全充全放。

(10)无污染,锂电池中不存在有毒物质,因此被称为"绿色电池"。

钴酸锂电池和三元锂电池具有质量更轻、体积更小等优点。但是,钴酸锂电池不是特别适合做动力电池。其原因一是钴酸锂电池的主要原材料金属钴元素在我国储量极少,目前80%的金属钴元素依靠进口,在我国难以大规模使用;二是这种锂电池比能量高,材料稳定性差,容易出现安全问题,如果单体容量过大,一旦产生爆炸将十分危险。随着最近几年电动汽车电池生产技术的提高,大量采用三元锂电池的电动汽车越来越多。

2. 磷酸铁锂

1997年美国人发现磷酸铁锂(LiFePO$_4$)模型,并发现磷酸铁锂是适合做动力电池的一种材料，从磷酸铁锂电池性能优点可以看出，磷酸铁锂电池是目前适合电动汽车产业化运用的锂离子电池。

磷酸铁锂电池具有以下优点：

（1）高效率输出：标准放电为 2～5 C，连续高电流放电可达 10 C，瞬间脉冲放电（10 s）可达 20 C。

（2）高温时性能良好：外部温度 65 ℃时内部温度则高达 95 ℃，电池放电结束时温度可达 160 ℃，电池的结构安全、完好。

（3）安全性好：即使电池内部或外部受到损害，也不燃烧、不爆炸。

（4）循环容量大：经 500 次循环，其放电容量仍大于 95%。

传统锂离子电池的有机电解液存在耐热性问题。由于有机电解液具有挥发性，所以操作温度最高限制在 60 ℃左右。因此，如果没有冷却系统，在高温环境中无法使用传统的锂离子电池。因此，要应用于高温环境，需要研发出不易挥发的固体电解质。然而，固体电解质的锂离子传导性比有机电解液低，因而必须降低固态锂离子电池的内阻才能投入商用。

3. 固态锂离子电池

固态锂离子电池简单来说就是指电池结构中所有组建都是以固态形式存在，而如今传统的商业化的锂离子电池则是液态锂离子电池，即电解质是液态。具体来说，就是把传统锂离子电池的液态电解质（电解液）和隔膜替换为固态电解质，一般是以锂金属为负极，也可是石墨类及其他复合材料，结构如图 2-2 所示。

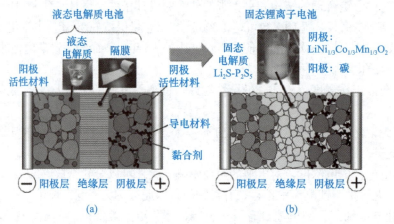

图 2-2　液态锂离子电池和固态锂离子电池

（a）液态锂离子电池；（b）固态锂离子电池

对比液态电解质与固态电解质的优点缺点如下：

液态电解质：优点：工业化自动化程度高、较好的界面接触、在充放电循环中电极膨胀相对可控、单位面积离子电导率高。缺点：易挥发、易燃烧，安全/热稳定性较差，锂离子和电子可能在 SEI 膜中同时传导。

固态电解质：优点：高安全/热稳定性（针刺和高温稳定性极好，可长期正常工作在 60 ℃～ 120 ℃条件下）；可达 5 V 以上的电化学窗口，可匹配高电压材料；只传导锂离子不传导电子；可以在电池内串联组成高电压的单体电池；简化冷却系统，提高能量密度；可使用在超薄柔性电池领域。缺点：充放电过程中界面应力受影响；单位面积离子电导率较低，常温下比功率差；成本极高；工业化生产大容量电池有很大困难。

2.1.3 锂离子电池工作原理

无论是高压（3.7 V）锂离子电池，还是低压（3.2 V）锂离子电池，其基本原理是相同的。各种锂离子电池内部主要由正极、负极、电解质及隔膜组成，正极、负极及电解质材料不同工艺上的差异使电池有不同的性能，尤其是正极材料对电池的性能影响最大。

下面以磷酸铁锂离子电池充电过程为例说明其工作原理：磷酸铁锂离子电池的结构与工作原理如图 2-3 所示。右侧磷酸铁锂作为电池外电路的正极（电池内称阴极 Cathode），由铝箔与电池正极连接，中间是聚合物的隔膜，它把正极与负极隔开，锂离子 Li^+ 可以通过而电子 e^- 不能通过；左侧是由石墨组成外电路电池的负极（电池内称阳极 Anode），由铜箔与电池的负极连接。电池的正、负极板之间是电池的电解质，电池由金属外壳密闭封装。

磷酸铁锂离子电池在充电时，右侧电路正极磷酸铁锂（$LiFePO_4$）中的锂离子 Li^+ 通过聚合物隔膜向左侧外电路负极迁移。在放电过程中，负极中的锂离子 Li^+ 通过隔膜从左侧向右侧正极迁移。锂离子电池就是因锂离子在充放电时来回迁移而命名的。

固体电解质中间相（Solid Electrolyte Interphase，SEI）是锂离子电池负极上因电解质分解而形成的保护层，主要在开始的充放电循环中产生。电池性能、不可逆电荷"损耗"、额定容量、可循环性、石墨的剥落和安全性等在很大程度上取决于 SEI。在电池研发领域，能够理解"SEI"结构的化学性质和每个组件影响电池性能的方式，就可以调整 SEI 以提高电池性能。

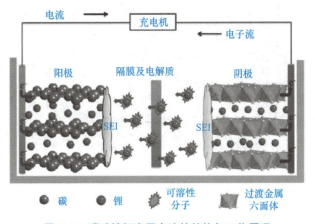

图 2-3 磷酸铁锂离子电池的结构与工作原理

一般锂离子电池工作原理都是正极由含有锂离子的金属氧化物组成，负极一般是由石墨构成的晶格，充电时锂离子由正极（电池内的阴极）向负极（电池内的阳极）一端移动，最终嵌入由石墨构成的稳定的晶格中。可以容纳锂离子的晶格越多，可以移动的锂离子越多，电池容量越大。

2.2 锂离子电池箱

2.2.1 锂离子电池箱的功能

动力系统（电力驱动系统）的锂离子电池部分包括锂离子电池箱、锂离子电池本身、高压配电箱、锂离子电池的管理系统。电池管理系统的主要功能如下：

（1）监测每一块锂离子电池的电压。

（2）监测电池的充电电流或放电电流。

（3）监测电池箱内的温度，负责在锂离子电池过冷时加热电池，在电池过热时为电池降温。

（4）反馈高压配电箱中各继电器开关的闭合或断开。

（5）绝缘检测功能：当高压绝缘检测功能不独立成控制器时，高压绝缘检测也由电池管理系统完成，所以，输入信号增加漏电流检测功能。

2.2.2 锂离子电池箱铭牌

图 2-4 所示为吉利 EV300 纯电动汽车的电池箱铭牌。电池采用三元锂离子电池，电池供应厂家为宁德时代（CATL）。电池的标称电压为 346 V，电池容量为 120 Ah，电池的质量为 416 kg。用电压（V）× 容量（Ah）=346×120=41.52（kW·h），即可充入 41.52 kW·h（或度）的电能。

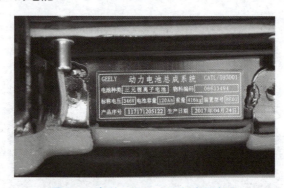

图 2-4　吉利 EV300 三元锂离子电池

2.2.3 锂离子电池箱盖

为了在汽车车身下侧布置电池箱，电动汽车电池箱一般按图 2-5 所示设计，这样最大限度地增加了电池的数目，不会特别影响底盘的通过性。

电池箱的上盖一般采用玻璃钢材料制作,质量轻,电绝缘和热绝缘效果好。

电池下部底拖板采用金属冲压件支撑,在底拖板的外缘设计有与车身底部连接的螺栓孔,通过螺栓将电池箱连接在车身底部。

电池箱从车上抬下或抬上要采用电池专用举升机(图 2-5)来辅助完成,没有电池专用举升机是十分困难和危险的。

图 2-5 吉利 EV300 电动汽车的电池箱及电池专用举升机

2.2.4 电池箱分解

在车辆高压系统检修时,要拔下电池箱上的检修塞插头。检修塞内装有银质直流保险丝,检修塞和检修塞座之间的插拔有次数限制,一般厂家资料限定为十几至几十次。

在抬下电池箱作业前虽已进行取下检修塞操作,但在分解电池箱前,为了安全起见,一定要确认检修塞(图 2-6)已取下,以防止工作中又被误插回。检修塞从检修塞座取下后应妥善保管。

分解电池箱时先拆下锂离子电池上盖的沉头螺栓(图 2-7),再拆下上盖和下拖板之间的大量螺栓即可取下上盖。

图 2-6 拔下内置保险丝的检修塞

图 2-7　内置保险丝的检修塞插头位置

拆开电池箱的上盖，要先取下电池箱检修塞位置的 4 个沉头螺栓（图 2-8），在电池箱后侧抬起，并向前推上盖，保证前部高压电缆引出座从电池上盖中脱出，再取下上盖，可见到图 2-9 所示的电池箱的内部结构。

图 2-8　取下电池箱检修塞位置的沉头螺栓

图 2-9　取下上盖的电动汽车锂离子电池箱

2.2.5 锂离子电池的成组化

锂离子电池箱内的电池通常采用多个并联增大容量，这些并联的电池再串联成为一组（图 2-10），多组电池再串联成为电池箱内的动力电池。

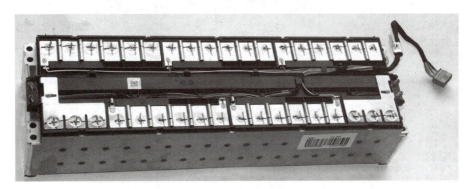

图 2-10 三并六串的一个电池组

什么是电池组的 3P5S（三并五串型）（图 2-11）或 3P6S（三并六串型）？例如，吉利的电池组分成两种，一种是 3P5S，另一种是 3P6S。3P 的意思是说，3 个 40 Ah 的锂离子电池并联成为 120 Ah，P 译为并联（Parallel），S 译为串联（Serial），3P5S 是 5 个这样的 120 Ah 电池串联成为一组。同理，3P6S 是 6 个这样的 120 Ah 电池串联成为一组。采用 3P5S 和 3P6S 分组是由底盘所能允许的空间造成的。

图 2-11 电池的串并联（三并五串型）

不同电池组之间通过橙色扁电缆连接形成组与组的串联。为了对不同组做区别，要在电池的侧面标出电池是如何串联的，同时电池组之间也要编号，例如，M1、M2 至 M17，具体如图 2-12 所示。

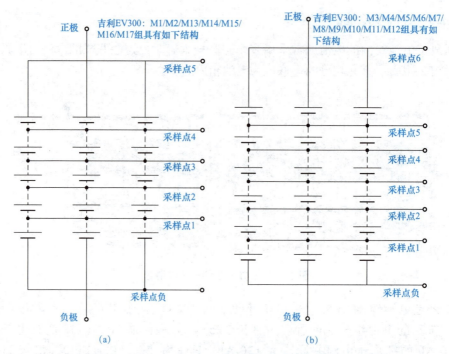

图 2-12 吉利 EV300 电动汽车的电池的两种串并联结构

(a) 3P5S 三并五串型电池组结构；(b) 3P6S 三并六串型电池组结构

表 2-1 列出了吉利 EV300 电动汽车的电池箱说明。

表 2-1 吉利 EV300 电动汽车的电池箱说明

采集盒型	电池并串形式 3P5S	电池并串形式 3P6S	CAN 总线终端电阻	电池故障编号查询
CSC1（尾号 37）	M1、M2		27 kΩ	1～10
CSC2（尾号 45）		M3、M4	27 kΩ	11～22
CSC3（尾号 45）		M5、M6	27 kΩ	23～44
CSC4（尾号 45）		M7、M8	27 kΩ	45～56
CSC5（尾号 45）		M9、M10	27 kΩ	57～68
CSC6（尾号 45）		M11、M12	27 kΩ	69～80
CSC7（尾号 37）	M13、M14		27 kΩ	81～90
CSC8（尾号 38）	M15		27 kΩ	91～95
CSC9（尾号 46）	M16、M17		27 kΩ	96～115

2.3 电池管理系统功能

电池管理系统简称 BMS，是 Battery Management System 的缩写。

2.3.1 电池管理系统诊断

图 2-13 所示为吉利 EV300 电动汽车的电池箱，上侧写有"CATL"的黑盒为电池管理系统，下侧盒内为高压配电箱。

图 2-13 吉利 EV300 电动汽车的电池箱

1. 温度控制

通过对热的电池箱制冷或对冷的电池箱加热，以控制电池箱温度在一定范围内，保持电池箱内电池具有良好的充电和放电能力。

在一定时间内，若电池箱温度仍不能被控制到正常范围，电池管理系统则通过变频器对电机进行限流，并生成故障码存储在电池管理系统中，且点亮仪表故障灯。

2. 高压配电箱继电器控制

电池箱内通常设计有高压配电箱，配电箱内有直流输出控制继电器、直流充电隔离继电器等，这些继电器要由电池管理系统控制。

3. 高压配电箱继电器开关触点诊断

高压配电箱继电器开关触点诊断由电池管理系统完成。其主要内部实物电池管理系统 ECU 如图 2-14 所示。电池管理系统 ECU（CATL 宁德时代供货）上两端口为继电器开关监测端口。

电池管理系统对供电继电器组和充电继电器组进行控制和故障监测（图 2-15），继电器的结构可参见图 2-16，包含正极主继电器、正极预充继电器、负极主继电器、直流充电预充继电器、直流充电隔离继电器。

图 2-14 电池管理系统 ECU

图 2-15 电池管理系统对供电继电器组进行控制和故障监测

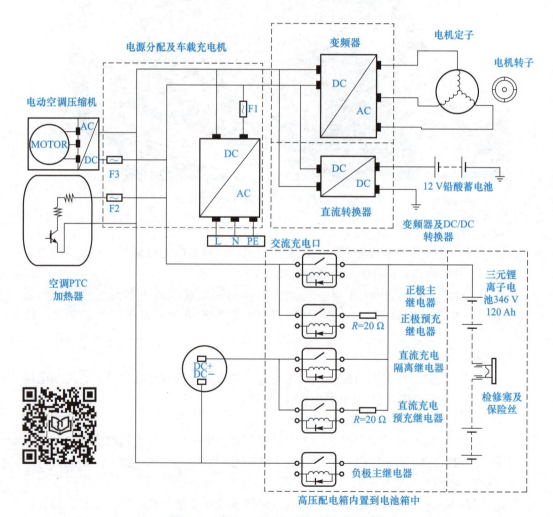

图 2-16 吉利 EV300 电动汽车的高压网络

注：右下侧虚线框内的 5 个开关为继电器开关，继电器线圈的外接部分省略

4. 电池 SOC 计算

电池串联充电，各电池电流相同；电池串联放电，各放电电流也相同。电池管理系统通过电池总电压确定一个初始容量值，以后的容量根据充电和放电的电流积分来确定是下降还是上升。生成故障码存储在电池管理系统中，并点亮仪表的故障灯。

5. 电池电压和温度测量功能

利用电池组的电压采集模块采集电池电压和电池温度。图 2-17 所示为车身右侧电池组温度和电池单体电压监测模块 CSC（Cell Supervising Controller），共 CSC1、CSC5、CSC6、CSC9 四个模块。图 2-18 所示为车身左侧电池组温度和电池单体电压监测模块，共 CSC2、CSC3、CSC4、CSC7、CSC8 五个模块。

图 2-17　车身右侧电池组温度和电池单体电压监测模块

图 2-18　车身左侧电池组温度和电池单体电压监测模块

6. 电池故障诊断功能

电池管理系统通过电池组的监测模块传递过来的相应电池组的电池单体电压、电池组的温度、通过电池电缆的电流判断电池是否处于故障状态。若单体电池或单组电压过高或过低，超过偏差上下限时，则生成故障码存储在电池管理系统中，并点亮仪表的故障灯。

电池管理系统还可以检查电池的正极和负极与车身的绝缘电阻是否正常。

图 2-19 所示为电池组单体电压和温度监测模块,其左端黑色口为控制和通信接线口,右端黄色口为两个电池组的电压和温度信号线接口。

图 2-19　电池组单体电压和温度监测模块

7. 信息共享功能

将电池电量(SOC)、电池电压、电池电流、诊断数据等加载到总线上去。

2.3.2　电池箱温度管理系统诊断

1. 锂离子电池冷却

锂离子电池在低于零下 10 ℃或高于 60 ℃时较难工作,为此电动汽车有一套电池温度管理系统,以保证锂离子电池在充电和放电时能正常工作。

(1)电池冷、热交换器。如图 2-20 所示为吉利 EV300 电动汽车的水冷式温度控制系统,可见的两根硬塑管是热或冷的防冻液的进、出管。其中,左侧管为进入电池箱,右侧管为流出电池箱。电池的制冷和制热通过图 2-21 所示的两个热交换器来完成,左侧为电池加热,右侧为电池冷却。

图 2-20　吉利 EV300 电动汽车的电池箱防冻液进、出管

图 2-21 电池冷热交换器

注：左侧银白色为 PTC 加热的热交换器，右侧银白色为空调制冷的冷交换器

（2）电池冷却路径。电池箱中的电池冷却路径如图 2-22 所示。电池的加热过程如下：电池储液罐内装有防冻液，防冻液经车底下侧的电池温控冷却液泵加压工作，防冻液经电池热交换器，由于 PTC 加热器没有向电池热交换器提供热的防冻液，所以防冻液温度不变。防冻液继续流动过程中经电池冷交换器，自动空调的制冷剂流经电池冷交换器，防冻液温度传递给制冷剂，防冻液温度降低，防冻液流经装有进水温度传感器的电池进管，经 M16、M17 电池组加热器进入，经 M1、M14、M13 电池组回流到电池温控冷却液泵入口处，形成一个循环。M1 至 M17 为锂离子电池组，包括 3P5S 和 3P6S 两种。

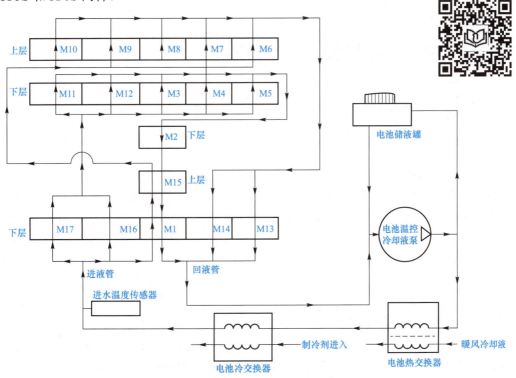

图 2-22 吉利 EV300 电动汽车的电池温度管理系统

当防冻液中有气体时，气体从电池温控冷却液泵的出口向上将气体导入电池储液罐上部。

2. 锂离子电池加热

电池储液罐内装有防冻液，防冻液经车底下侧的电池温控冷却液泵加压工作。防冻液经电池热交换器，PTC 加热器工作向电池热交换器提供热的防冻液，热交换后，升高温度的防冻液在继续流动过程中经电池冷交换器，自动空调的制冷剂不流经电池冷交换器，没有冷热交换过程。热的防冻液流经装有进水温度传感器的电池进管，经 M16、M17 电池组加热器进入，经 M1、M14、M13 电池组回流到电池温控冷却液泵入口处，形成一个循环。

当防冻液中有气体时，气体从电池温控冷却液泵的出口向上将气体导入电池储液罐上部。

3. 电池温度管理系统诊断方法

电池温度管理系统根据电池箱电池组上安装的温度传感器、电池箱进口温度传感器识别出电池箱温度是否正常，不正常时通知启动制冷空调或制热 PTC 加热器工作。电池的温度控制执行器有三类：一是制冷的空调压缩机和制冷剂切换阀；二是 PTC 加热器；三是电池温控冷却液泵。

可通过诊断仪读取温度传感器数值，若不正常，如温度过低时，PTC 加热器是否启动了加热，同时电池温控冷却液泵是否实现了循环。

2.4 典型工作任务 1：更换电池

2.4.1 电池箱拆装要点

典型的电池箱拆开步骤如下：

关闭点火开关（图 2-23），车上的控制单元处于对执行器的断电状态，高压配电箱的继电器组线圈断电，继电器触点开关断开。但从安全角度，也从控制单元严禁带电插拔的角度考虑，要断开 12 V 铅酸蓄电池。断开 12 V 铅酸蓄电池（图 2-24）对全车的供电产生的另一个作用是全车的执行器全部断电，高压配电箱中的供电继电器组也断电，所以在这种情况下操作高压配电箱输出的高压网络是绝对安全的，特别是针对无检修塞的某些国产电动汽车。

为了安全起见，防止高压继电器组出现触点粘连，可在高压蓄电池中间串联带有保险丝的检修塞，在通过关闭点火开关或断开蓄电池仍不能断电高配电箱中的继电器组时，可人工拆下检修塞断电（图 2-25）。以上是设计检修塞的原因。

在实际高压检查中要带电作业，检修塞是不能拆下的，此时要有绝缘手套、电工鞋和护目镜等高压防护装备。但在拆开高压部件或从高压网络上拆下某高压部件时，一定要拆下检修塞，等待变频器中的高压电容放电后方可进行作业，拆下检修塞后的电池箱外部高压网络无高压，因此，电池箱外的作业不用高压防护。在放掉冷却系统的防冻液（图2-26）前，要确认冷却系统是否带有热交换器，对于吉利EV300电动汽车的冷却系统有热交换器，放掉冷却液时要确认是否是流经电池的冷却液，不要把空调暖风的冷却液放掉，以免造成不必要的液体损失。

图2-23　关闭点火开关

图2-24　断开蓄电池

图2-25　拆下检修塞

图2-26　放掉冷却系统防冻液

断开电池箱外部的冷却液管、地线的高压线束、低压控制线束前后如图2-27、图2-28所示。通常这些连接是不会装错的，但要有一定的安放层次，安放层次可在断开前用手机拍照作为恢复的依据。

图2-27　断开前电池箱的水管、高压线束和控制线束

图2-28　断开后电池箱的水管、高压线束和控制线束

拆下电池箱和车身的连接，用电池举升机拖住电池箱（图2-29），小心降下。要

注意拆下电池的车身是否有重心移动（图 2-30），避免车辆出现从举升机翻倒掉落的现象。

图 2-29　放好动力电池举升机

图 2-30　拆下电池的车身

2.4.2　电池箱拆装过程

电池箱内部的拆装过程如图 2-31 至图 2-36 所示。

图 2-31　装上检修塞防护罩盖（白色）

图 2-32　拆下上盖沉头螺栓

图 2-33　拆下上盖螺栓，抬起上盖后部向前推

图 2-34　拆下上盖的电池箱

2.4.3　电池箱组装要点

电池箱内电池组装是在电池箱装配间中完成，由于实际车辆的电池箱是在振动、沙尘、泥水及冷热环境中工作，所以密封、力矩、原位捆绑、防接触隔离等是非常重要的关键点。

 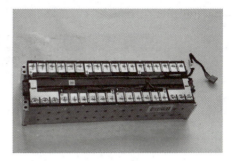

图 2-35　取下有故障的电池组　　　　图 2-36　更换有故障的电池组

1. 连接点拧紧

高压电缆经过的连接点必须按厂家要求拧紧（图 2-37），不得有丝毫马虎。高压电缆经过的连接点包括高压配电箱上的继电器与电缆之间的连接点、电池组与电池组之间的连接点、检修塞座与电缆之间的连接点等。

2. 原位捆绑固定

电池与信号采集模块之间的线束连接必须牢固，每个采集模块的固定情况都要分别检查，即用手拉一拉模块是否能有很大的运动量，当运动量大时需重新固定。在电池周围与电池箱壳体可能发生碰触或磨损的地方用专门的绝缘胶布来固定线束以防磨损，这些胶布的位置要用手机拍照，在安装后按原图粘回。固定线束的锁紧器（勒死狗）应在原先固定的位置固定。

电池上盖的内衬布本应与上盖内表面贴合，实际有脱离（图 2-38），在盖上盖时会与控制线束或高压电缆线束有碰触。上盖与电池下拖板之间的密封条不能有损坏，一旦检查有损坏应及时更换再安装。

 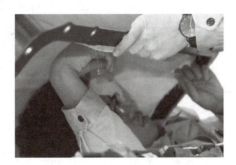

图 2-37　连接点的拧紧　　　　图 2-38　上盖内衬布与上盖内表面剥离处理

2.5　典型工作任务 2：电池管理系统数据分析

2.5.1　自诊断界面

诊断仪进入吉利 EV300 电池管理系统的方法如图 2-39 所示，数据列表如图 2-40

和图 2-41 所示。

图 2-39　进入电池管理模块（BMS）的方法

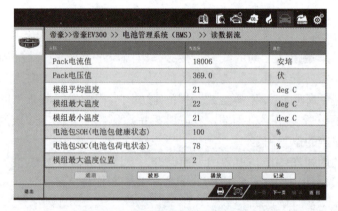

图 2-40　电池管理系统数据列表 1

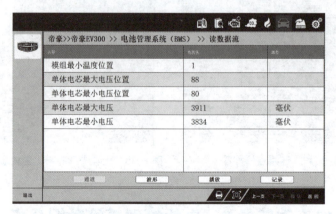

图 2-41　电池管理系统数据列表 2

2.5.2　自诊断数据解析

吉利 EV300 电池管理系统数据分析见表 2-2。

表 2-2 吉利 EV300 电池管理系统数据分析

名称	当前值	单位	数据解析
Pack 电流值	18 006	mA	电池箱内母线电流传感器值
Pack 电压值	370.2	V	电池箱内母线电压测量值
模组平均温度	21	deg ℃	17 个电池模组中的平均温度
模组最高温度	21	deg ℃	17 个电池模组中的最高温度
模组最低温度	21	deg ℃	17 个电池模组中的最低温度
电池包 SOH（电池包健康状态）	100	%	通过电压一致性、内阻一致性判断的电池是否处于健康状态（更换电池的标志）
电池包 SOC（电池包荷电状态）	78	%	通过打开点火开关时的电池电压和行驶中充电、放电电流的积分值算出的电池荷电状态
模组最高温度位置	1		17 个电池模组中最高温度模组号
模组最低温度位置	1		17 个电池模组中最低温度模组号
单体电芯最大电压位置	88		M1 至 M17 为 17 个锂离子电池组，模组分成 3P5S 和 3P6S 两类，所以单体电池总数目会在 85～102 之间，88 是其中某个模组的电池，可在表 2-1 中推断出来，经查表为 M14
单体电芯最小电压位置	80		M1 至 M17 为 17 个锂离子电池组，模组分成 3P5S 和 3P6S 两类，所以单体电池总数目会在 85～102 之间，80 是其中某个模组的电池，可在表 2-1 中推断出来，经查表为 M12
单体电芯最大电压	3 924	mV	88 号电池的电压
单体电芯最小电压	3 846	mV	80 号电池的电压

2.6 典型工作任务 3：比亚迪电池管理系统数据分析

2.6.1 电池管理自诊断界面

以下步骤是电池管理系统的检查方法。

步骤 1：按图 2-42 选择进入电池管理系统。

步骤 2：可在图 2-43 所示界面读取总体电池报警数据及继电器（诊断仪中写为接触器）数据。

步骤 3：可在图 2-44 所示界面读取总体电池报警数据及继电器数据。

步骤 4：可在图 2-45 所示界面读取总体电池报警数据。

步骤 5：可在图 2-46 中读取 93 节电池均衡数据中的前 1～12 节数据。

步骤 6：可在图 2-47 中读取 93 节电池均衡数据中的前 13～24 节数据。

步骤 7：可在图 2-48 中读取 93 节电池均衡数据中的 25～36 节数据。

步骤 8：可在图 2-49 中读取 93 节电池均衡数据中的 37～48 节数据。

图 2-42　电池管理数据入口及继电器数据

图 2-43　电池总体数据状态

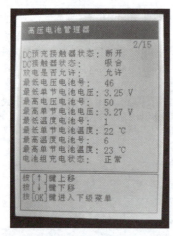

图 2-44　总体电池报警数据
（诊断仪中写为接触器）

图 2-45　总体电池报警数据

图 2-46　93 节电池均衡数据（1～12 节）

图 2-47　93 节电池均衡数据（13～24 节）

图 2-48　93 节电池均衡数据（25～36 节）　　图 2-49　93 节电池均衡数据（37～48 节）

步骤 9：可在图 2-50 中读取 93 节电池均衡数据中的 49～60 节数据。

步骤 10：可在图 2-51 中读取 93 节电池均衡数据中的 61～72 节数据。

图 2-50　93 节电池均衡数据（49～60 节）　　图 2-51　93 节电池均衡数据（61～72 节）

步骤 11：可在图 2-52 中读取 93 节电池均衡数据中的 73～84 节数据。

步骤 12：可在图 2-53 中读取 93 节电池均衡数据中的 85～93 节数据。

图 2-52　93 节电池均衡数据（73～84 节）　　图 2-53　93 节电池均衡数据（85～93 节）

步骤13：可在图2-54中读取6组电池温度采样数据（1～48节）。
步骤14：可在图2-55中读取6组电池温度采样数据（49～93节）。

图2-54　6组电池温度采样数据（1～48节）　　图2-55　6组电池温度采样数据（49～93节）

步骤15：可在图2-56中读取6组电池温度采样数据（1～6电池包）。
步骤16：可在图2-57中读取4组电池温度采样数据（7～10电池包）。

图2-56　6组电池温度采样数据（1～6电池包）　　图2-57　6组电池温度采样数据（7～10电池包）

2.6.2　电池容量标定程序

电池管理系统诊断出故障后，要整车更换电池，需要标定，步骤如下：
步骤1：按图2-58所示操作进入标定程序入口。
步骤2：按图2-59所示操作进入电池包容量标定程序入口。
步骤3：按图2-60所示操作确定是电池包的容量标定程序。
步骤4：按图2-61所示找到两个要标定的数据。
步骤5：图2-62界面提示只有更换后的电池才进入这个操作。
步骤6：图2-63将更换后的电池SOC和电池标称容量写入电池管理，完毕。

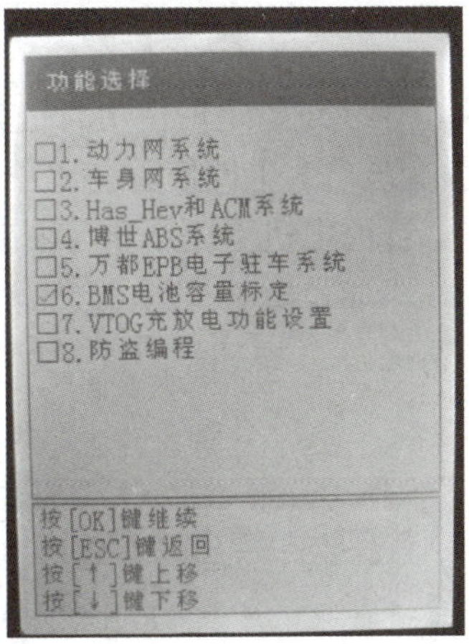

图 2-58　标定进入程序入口选择

图 2-59　换新电池包时选定容量标定

图 2-60　选定容量标定选项

图 2-61　需要按实际电池容量写入的数据

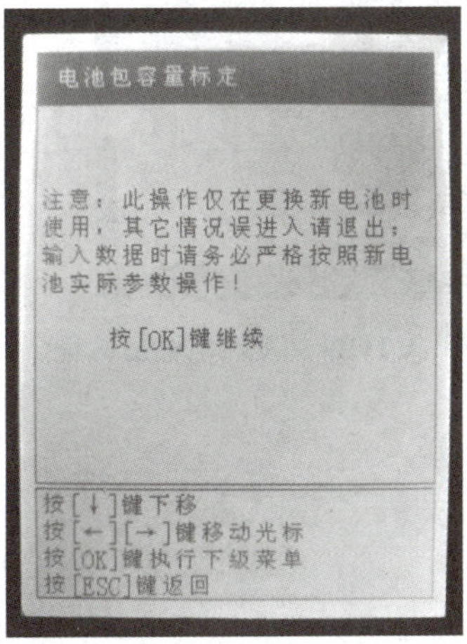

图 2-62　电池包容量标定提示

图 2-63　输入更换后的电池容量值和当前 SOC 值

2.6.3 VTOG 数据

VTOG 是 Vehicle to Grid 的缩写，译为汽车向电网供电，电网使用的是交流电，所以，VTOG 的功能是使车上蓄电池的直流电变换为交流电为电网使用。

步骤 1：图 2-64 是 VTOG 的工作条件，例如，这时电机不能是开启状态。
步骤 2：图 2-65 是 VTOG 的工作条件，例如，不能是撞车状态。
步骤 3：图 2-66 是 VTOG 的工作条件及工作情况。
步骤 4：图 2-67 是 VTOG 的交流电输出信号。

图 2-64　VTOG 的工作条件信号 1

图 2-65　VTOG 的工作条件信号 2

图 2-66　VTOG 的工作条件及工作情况信号

图 2-67　VTOG 的交流电输出信号

第 3 章
高压配电箱原理与诊断

能画出吉利纯电动汽车电池箱中继电器组的工作原理图；
能画出比亚迪 E6 纯电动汽车高压配电箱中的继电器工作原理图。

能在带电测量高压配电箱前进行正确的防护；
能带电测量高压配电箱、诊断高压配电箱中的配电故障；
能更换纯电动汽车高压配电箱中的继电器、保险丝或电流传感器。

3.1 吉利高压配电箱原理与诊断

3.1.1 吉利 EV300 高压网络

如图 3-1 所示，2017 年款吉利 EV300 外部高压网络原理如下：

（1）车载充电过程：交流供电桩为车载充电机供电，交流电经充电机变换成直流电为动力电池充电。

（2）动力蓄电池放电过程：动力蓄电池的直流电给电动压缩机、PTC 加热器、驱动电机变频器供电。

其内部原理如图 3-2 所示，高压网络主要元件包括位于高压配电箱内高压继电器组、带有高压分配保险和车载充电机的电动汽车功率分配单元（Power Distribution Unit，PDU）、带有 12 V DC/DC 转换器功能的电动汽车变频器。图 3-2 所示的交流充电口给车载充电机供电，实现慢速充电，直流充电口给动力电池快速充电。

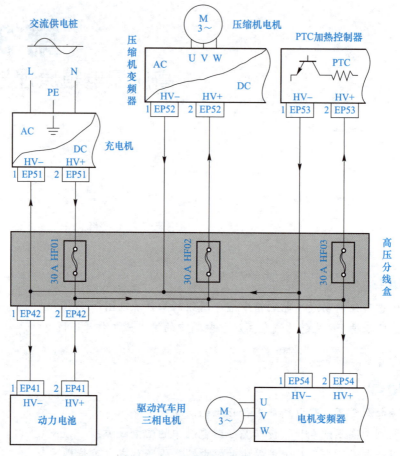

图 3-1　吉利 EV300 外部高压网络（2017 年款）

车载充电机的充电电流经 F1 保险丝给动力蓄电池供电，电流大小由车载充电机内电子开关进行控制。PTC 暖风和电池共用的加热器由 F2 保险丝供电，暖风功率大小由其内部的电子开关进行控制。电动空调压缩机由 F3 保险丝供电，经压缩机内自带的变频器换流为三相交流给电机供电。

3.1.2　高压工作原理

图 3-2 所示为吉利 EV300 高压配电箱的原理示意图。

高压工作原理：踩下制动踏板，按下供电开关，即可听见电池箱内继电器开关闭合的"咔嗒"声音。此时为负极主继电器和正极预充继电器开关同时闭合工作，大约几十毫秒，汽车变频器内电容被正极预充继电器电阻充电完成。这时正极主继电器开关再闭合工作，正极预充继电器开关断开工作。

电池箱的输入 / 输出接口部分如图 3-3 所示。"总正 +、总负 -"接电子功能控制单元 PDU，"快充 +、快充 -"接快速充电口"DC+、DC-"。整车通信 12P-A 和 12P-B 主要外接整车控制器（详见厂家电路图）。

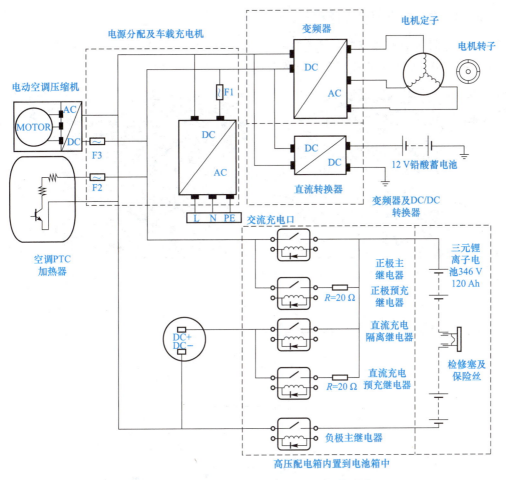

图 3-2 带高压元件内部高压网络连接示意图（2017 年款吉利 EV300）

图 3-3 电池箱的输入/输出接口部分

3.1.3 高压继电器触点监控

图 3-4 所示为电池管理系统 ECU，顶部有 5PIN（针）和 6PIN（针）插头，用于监测继电器开关，检测继电器触点粘连（图 3-5）。

图 3-4 继电器开关监测用的 5PIN 和 6PIN 插头

图 3-5 继电器开关监测的继电器端线束

继电器开关监测原理如图 3-6 所示，5 个继电器线圈接电池管理系统的 C 端口，C/6 代表 C 端口的第 6 引脚，其他类推。

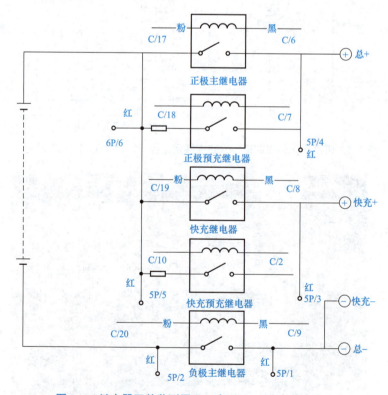

图 3-6 继电器开关监测原理（吉利 EV300 电动汽车）

5P 和 6P 是电池管理系统 ECU 顶部的两个端口，分别为 5PIN（针）和 6PIN（针），

5P/1 代表 5PIN（针）插头的第 1 引脚，5PIN（针）和 6PIN（针）插头外接电池管理系统（BMS），电池管理系统在通过 C 端口控制继电器时，通过 5PIN（针）和 6PIN（针）反馈监测继电器的响应。

在电池对外放电过程中，6P/6 和 5P/4 检测正极线上的继电器，5P/2 和 5P/1 检测负极线上的继电器。

在充电过程中，5P/3 和 5P/5 检测正极线上的继电器，5P/2 和 5P/1 仍检测负极线上的继电器。

为什么新款电动汽车取消了检修塞呢？

在早期生产的电动汽车中，为了检修时能实现安全下电设计了检修塞。在 2017 年以后生产的多款电动汽车取消了检修塞，原因就是上电继电器组增加了继电器触点监测功能。优点是节省了一个检修塞，缺点是在上电继电器开关虚接焊在一起时只能报警，不能人为强行执行下电操作，不过正极和负极两端的两个继电器同时虚接焊在一起可能性很小。在一个虚接报警时，另一个继电器仍能执行下电动作。

3.2 比亚迪 E6 高压配电箱原理与诊断

3.2.1 高压配电箱简介

高压配电箱简称 HVDB，相当于 12 V 电系电路中的保险丝和继电器盒。高压配电箱位于后行李舱（图 3-7）。如图 3-8 所示为传统电气的高压化元件供电保险丝，图 3-9 所示为高压配电箱内部结构。

图 3-7　高压配电箱位置

图 3-8　高压配电箱保险丝

高压配电箱的作用如下：

（1）为电动汽车的驱动电机变频器供电，变频器将高压直流电逆变为三相交流电。

（2）为传统电气的高压化元件供电。

图 3-9　高压配电箱内部结构

1）为空调制冷供电。高压配电箱为电动汽车的变频空调压缩机供电，经变频空调压缩机内的变频器逆变为交流电驱动变频压缩机的电机。

2）为空调制热供电。高压配电箱为电动汽车空调蒸发箱内的高压电加热元件供电。高压电加热元件为正温度系数（PTC）元件，随加热温度提高电阻增大，电流得以自动限制，防止过热。

3）为直流/直流转换器供电。直流/直流转换器简称 DC/DC，功能是将电池箱电压降为 14 V，为 12 V 铅酸蓄电池供电。

（3）充电继电器控制。

1）直流充电口隔离。直流充电口在不充电时的充电口隔离功能，由充电口隔离继电器完成，起到防止人员意外接触直流充电口遭到电击伤害的作用。

2）交流充电继电器控制。交流充电口的交流电经变频器内部的非独立式车载充电机整流和升压出来的直流电经过这个充电继电器给高压蓄电池充电。

3.2.2　高压上电流程

通过操作供电开关和制动踏板开关给电源管理控制 ECU（BCM 内置有传统汽车电源管理控制 ECU 的功能）提供驾驶员意图信号。由电源管理控制 ECU 控制 IG2 继电器工作，同时向电机控制器 ECU 发送启动信号，这时负极继电器可先工作闭合。

电机控制 ECU（变频器内的绿色电路板）收到报文后转发报文给电池管理 ECU，电池管理系统 ECU 自检系统是否有漏电和馈电等故障。若没有故障则让预充继电器工作，给变频器内的电容充电，同时，电机控制 ECU 检测电容两端的充电电压。当电压接近蓄电池电压时，电机控制 ECU 向电池管理系统发送预充满的信息。此时，正极继电器开关闭合工作，然后预充继电器开关断开，退出工作。

高压配电箱上电完成后，一个光耦被触发给仪表信号，仪表点亮"OK"灯，向驾驶员指示上电完成。

1. 变频器供电过程

在图 3-10 中，变频器供电过程如下：点火开关打开，负极主继电器通过电池管理系统内 T_3 晶体管接地工作或负极主继电器不受电池管理系统控制，如比亚迪 E6 电动汽车即在打开点火开关时继电器线圈直接接地。此设计是保证负极主继电器先接通。当检查没有故障时，正极预充继电器在电池管理系统 T_2 晶体管的控制下工作，当变频器收到内部电容电压接近电池管理系统传来的动力电池总电压时，电池管理系统通过 T_1 控制正极继电器工作给变频器的逆变桥供电。然后，正极预充继电器不工作。

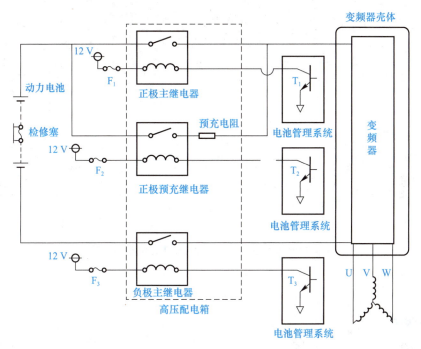

图 3-10 高压配电箱系统主继电器工作过程

高压配电箱的测量是要带电进行的，在测量预充继电器时，要知道预充继电器在按压供电开关到"OK"时，只是短时工作一下。另外，预充继电器在变频器内的充电机给动力电池充电时也工作。

2. DC/DC 供电过程

如图 3-11 所示，打开点火开关到仪表显示"OK"时，正极主继电器和负极主继电器工作。

DC/DC 预充继电器开始工作，当 DC/DC 转换器检测到电压接近电池总电压时，电池管理系统得知 DC/DC 电容充电完成后，通过 T_2 接通 DC/DC 供电继电器，然后，DC/DC 预充继电器退出工作。

DC/DC$_1$ 和 DC/DC$_2$ 在整车控制器的控制下开始转换，输出 14 V 电压给蓄电池充电。电流从蓄电池负极经 DC/DC 转换器壳体分别回到 DC/DC$_1$ 和 DC/DC$_2$。

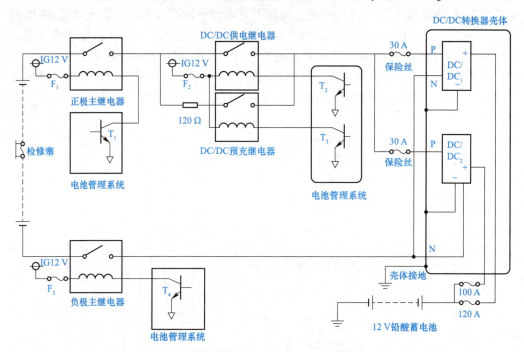

图 3-11　高压配电箱变频器 DC/DC 继电器电路

高压配电箱的测量是要带电进行的，在测量 DC/DC 预充继电器时，要知道预充继电器在按压供电开关到"OK"时，只是短时工作一下。

3. 空调供电继电器工作过程

如图 3-12 所示，打开点火开关到仪表显示"OK"时，正极主继电器和负极主继电器工作，这时要注意到空调预充继电器线圈负极通过 T$_3$ 晶体管接地。

当空调面板内的开关接通时，预充继电器开始工作，当带有 PTC 加热控制器或压缩机供电检测到电压接近电池总电压时，电池管理系统通过 T$_2$ 接通空调继电器，并根据暖风设定的目标温度和车内的实际温度确定晶体管 T$_4$ 驱动信号的占空比。电动空调压缩机的供电和 PTC 加热器可共用保险丝，也可一路设计一个保险丝。

高压配电箱的测量是要带电进行的，在测量空调预充继电器时，要知道预充继电器在按压供电开关到"OK"时，只是短时工作一下。

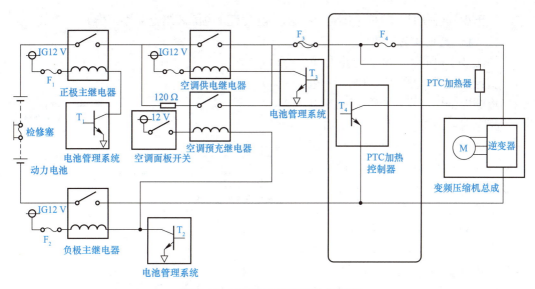

图 3-12　高压配电箱空调供电系统

4. 交流充电工作过程

如图 3-13 所示，交流充电时，变频器内的车载充电机将交流变为直流，直流经过降压到动力电池的充电电压水平，交流充电时，电池管理系统控制蓄电池负极主继电器和交流充电隔离继电器给动力电池充电。

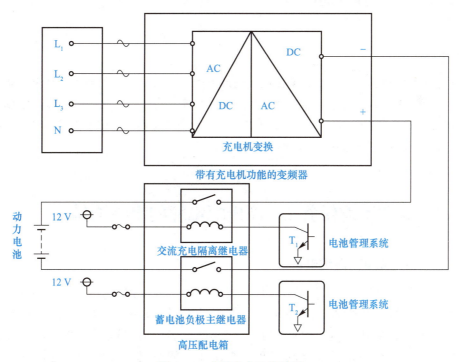

图 3-13　交流充电工作过程

汽车正常行驶时，负极主继电器工作，但交流充电隔离继电器不工作。

5. 直流充电口的隔离

如图 3-14 所示，为了防止儿童打开直流充电口接触 DC+ 和 DC- 造成严重的电击伤，设计上在直流充电口不充电时，通过一个隔离继电器将车上的锂离子电池正极或负极与直流充电口断开，隔离继电器可以设计成正极一个或负极一个，也可以设计成正极、负极各一个。

6. 高压配电箱电流的检测

在高压配电箱内置有霍尔电流传感器，传感器采用 +15 V 和 -15 V 两个供电，一个信号线，信号经过电池管理系统的一个采样电阻接地。即电流可由 +15 V 经过采样电阻接地形成回路，电流也可从接地出发经过采样电阻到 -15 V 形成回路。在传感器线外包有屏蔽线，屏蔽线与外部接地相连。

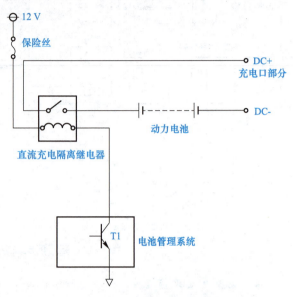

图 3-14　直流充电隔离继电器

通过诊断仪读出霍尔电流传感器检测到的电流值是否正常是判别电流传感器是否正常的一个好方法，如车辆原地不动时，电流有一个确定值，打开大灯和鼓风机后 DC/DC 转换成 12 V 电流需要增加，低压负载增加的功率和高压功率计算值基本是相等的。相差太大，可能是霍尔电流传感器有故障。

3.3　典型工作任务 1：高压配电箱的带电测量

3.3.1　带电测量高压配电箱

电动汽车的高压被一部分一知半解的人过分强调，以至于给人造成的心理压力远超过其实际的危险性。在这里要说明的是电动汽车的安全性要比日常生活中插电饭煲插头或插计算机供电线的安全性要高得多，何况这两种情况在日常生活中发生的频率非常高，而在电动汽车上高压作业的情况非常少，带电作业测量就更少了。

上面所述,不是说电动汽车不具危险性,而是要大家正确看待危险水平。

要强调的是,在高压配电箱上的高压带电测量作业具有危险性,一定要按安全操作规程操作。两个人中一人操作,另一人看护,看护人要提醒错误操作,并准备意外事故的处理工作。

电动汽车为什么要带电测量高压配电箱?高压配电箱相当于传统电路的保险丝和继电器盒,传统电路在保险丝和继电器盒的测量上即带电作业。同样,在高压配电箱内部有上电继电器组、高压直流保险丝和电流传感器等,高压网络上的元件供电都可通过高压配电箱测量,这种测量只有带电作业才有效。因为带电测量不仅能测量元件,还能测量线束。

举个简单的例子:系统检测到上电预充时间过长,即预充继电器给电容充电时间过长,是电容漏电还是电池电压测量不准,就可以用示波器测量预充继电器给电容充电到供电主继电器闭合的时间间隔,从而发现故障的原因所在。这种故障用万用表在下电的情况下测量是检测不到的。高压保险丝的测量,也必须是带电测量。

3.3.2 高压配电箱组装要点

(1)避免开盖后的高压配电箱有异物侵入,如铁屑、尘土和水汽等,所以,开盖前要清理好工作现场;

(2)绝对禁止带电测量时工具掉落到高压配电箱内,这时将形成极严重的短路;

(3)绝对禁止无高压防护的人员在高压配电箱上带电测量;

(4)绝对禁止无汽车高压产品培训合格证的人员在高压配电箱上带电测量;

(5)若有拆卸作业,一定要在拆卸前进行拍照,注意:要拍到关键易错的点,也可用漆笔先做记号;

(6)工作人员要有边工作边思考的思维模式,不可大量随意拆卸,应做有目的小范围的拆卸;

(7)工作人员要有原位安装的意识,不可随意调换似乎相同的元件;

(8)严格按照厂家要求校准力矩,并用漆笔做记号,防止因螺栓未拧到位导致力矩不足产生接触电阻;

(9)一定要防止某个螺栓的力矩过大造成接线柱和元件内部断开或形成新的接触电阻;

(10)能通过闻、看、听初步观察配电箱的内部情况,形成一个初步判断。

3.3.3 高压注意事项

由于是在动力电池供电网络带电的情况下进行测量,请一定做好图3-15所示的安全防护。

护目镜(应急时也可用眼镜替代)可有效防止电火花飞溅伤到眼角膜,绝缘手套可避免意外出现手与供电网络的不同极性的两部分金属同时连通构成回路。(这种伤害是极大的，一定要避免。）

另外，在出现绝缘报警的情况下，零级绝缘手套（图3-16）可在意外出现手与供电网络的一种极性的金属连通构成回路时避免伤害（这种伤害同样是极大的，一定要避免）。

 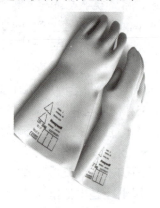

图3-15　安全防护　　　　　　　　　图3-16　零级绝缘手套

3.3.4　低压参考点的选取

在低压12 V铅酸蓄电池的网络上，试灯或万用表通常取蓄电池负极（图3-17）或车身金属（图3-18）作为测量的参考点。

图3-17　以蓄电池负极为参考点　　　图3-18　以车身金属为参考点

在动力电池供电的网络上，通常取动力电池负极（图3-19）作为测量的参考点。记住：动力电池供电的网络不再以车身金属作为参考点，这点要注意，如图3-20所示以车身金属为参考点测量到的电压为绝缘检测用电压，与动力电池的直流供电网络没有实质性关系。

3.3.5　高压直流保险丝测量

万用表黑表笔与动力电池的负极相接触（图3-21），万用表红表笔与保险丝的一端接触，读出动力电池电压；万用表红表笔与保险丝的另一端接触（图3-22），读出动力电池电压。两次测量时都有动力电池电压则说明保险丝正常，如果一次有动力电池电压，另一次没有或数值不等说明保险丝断开。

图 3-19 以动力电池负极为参考点

图 3-20 以车身金属为参考点测得绝缘检测用电压

图 3-21 保险丝一端有动力电池电压

图 3-22 保险丝另一端有动力电池电压

保险丝断开说明其下游有短路或过载,通常在这种情况下,下游负载元件的软关断失控,内部元件已经烧毁。这时应查找到故障点,更换元件后,再更换保险丝,不可直接更换保险丝。

3.3.6 高压直流继电器测量

将万用表分别与继电器的线圈供电插头接触,测得有 12 V 铅酸蓄电池电压时证明线圈有电流流过。再测量动力蓄电池继电器的开关,这时取动力蓄电池负极为参考点测继电器开关两端的电压是否与动力蓄电池电压(图 3-23、图 3-24)相同,若不相同或有很大差异说明继电器损坏,要求更换。

图 3-23 继电器一端有动力蓄电池电压

图 3-24 继电器另一端有动力蓄电池电压

3.4 典型工作任务 2：吉利高压配电箱的数据分析

3.4.1 高压配电箱数据分析界面

在吉利汽车的诊断中给出电池箱中高压配电箱继电器的分析数据，需要从图 2-39 中选择"电机控制器（PEU）"读取变频器的高压供电状态来判别高压配电箱的状态。

通过图 3-25 读取变频器的高压供电状态，来判断继电器的工作状态。

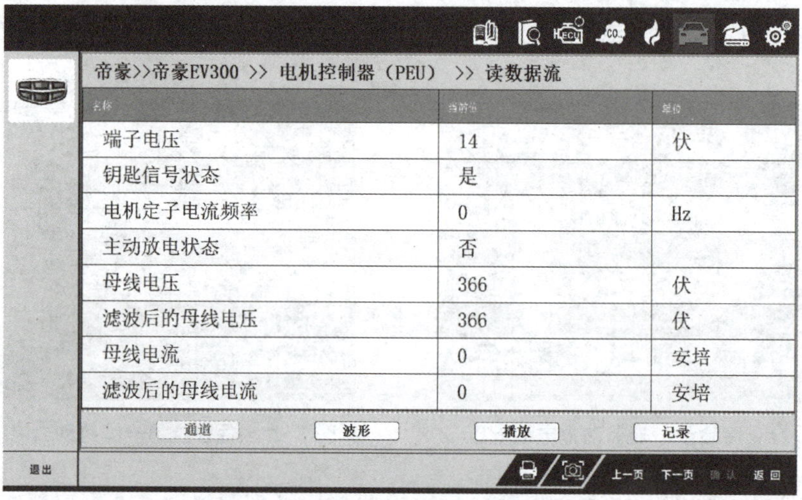

图 3-25 读取变频器的高压供电状态

3.4.2 高压配电箱数据分析

吉利 EV300 的高压配电箱数据要在变频器的数据中读出，见表 3-1。

表 3-1 吉利 EV300 的高压配电箱数据分析

名称	当前值	单位	解析说明
主动放电状态	否		主动放电电子开关是否接通标志（也是高压配电箱上、下电监测数据）
母线电压	367	V	电池管理测得蓄电池正、负极间电压（也是高压配电箱上、下电监测数据）
滤波后的母线电压	367	V	变频器测得的供电工作电压（也是高压配电箱上、下电监测数据）
母线电流	0	A	电池管理测得的母线电流（也是高压配电箱上、下电监测数据）
滤波后的母线电流	0	A	变频器测得的母线电流（也是高压配电箱上、下电监测数据）

3.5 典型工作任务3：比亚迪高压配电箱的数据分析

3.5.1 高压配电箱数据分析界面

在图3-26中可检查比亚迪给变频器供电的继电器是否正常工作。注意：有很多资料将直流电路中的继电器错称为接触器（接触器是交流电路中继电器的术语）。

在图3-27中可检查比亚迪的两个DC/DC转换器的供电是否正常工作。

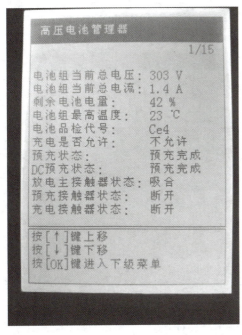

图3-26 电池管理系统中的高压配电箱数据1

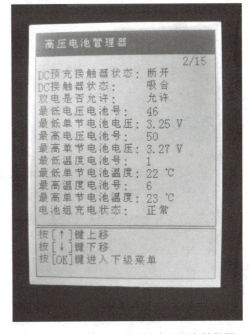

图3-27 电池管理系统中的高压配电箱数据2

3.5.2 高压配电箱数据分析

高压配电箱的数据分析是高压配电箱中元件现在状态的分析，通过现在的状态分析是配电箱中元件有问题，还是电池管理系统收到了下电的信号。

第 4 章
电动汽车电机

能说出日常生活中控制电机和非控制电机的区别；
能说出电动汽车电机和工业电机的区别；
能画出永磁有刷电机的简单原理图；
能画出永磁无刷电机的简单原理图；
能说出电机铭牌的表示内容。

能诊断汽车电机的定子和壳体的短路或绝缘下降故障；
能诊断汽车电机的定子三相电感不平衡故障；
能诊断汽车电机转承异响故障。

4.1 电动汽车电机简介

4.1.1 电机种类

电机从电源的幅值和频率是否变化可分为非控制电机（50 Hz 工频电机）和控制电机两种。

1. 非控制电机

非控制电机是电源的特征（幅值和频率）不发生变化的电机，工作机械特性只取决于负载阻力的大小。

例如：电机的端电压 $u=A\sin(\omega t+\varphi)$，电机有三相电机和单相电机两种。我国工频电为 50 Hz，$\omega=100\pi$，线电压为 380 V，相电压为 220 V。

由于电压幅值 A（Amplitude）不变，工频的角频率 ω 不变，初始角 φ 不确定，取决于电机接入网络的时刻，整个电机的机械特性取决于电机的负载大小，这就是非控制电机。

2. 控制电机

控制电机电源是直流电（工业上，少数要求不严格的可以采用交流电调速，但非电动汽车用）经变频器控制后输出幅值和频率都发生变化的电机，工作机械特性不仅取决于负载阻力的大小，还取决于控制参数。

控制电机的端电压仍为 $u=A\sin(\omega t+\varphi)$，电动汽车为三相电机，电机端电压随以下参数变化而变化。

（1）电压幅值 A：幅值 A 是变值；

（2）角频率 ω：ω 也可以从零赫兹调节到几百赫兹；

（3）初始角 φ：φ 为确定值，都从零开始。

整个电机的机械特性取决于电机控制目标的大小，这就是控制电机。

典型汽车上的控制电机应用有三处：电动汽车或传统汽车采用的电动转向电机、电动汽车驱动电机和空调驱动电机。

4.1.2 电动汽车对电机的要求

用于电动汽车的驱动电机与常规的工业驱动电机不同。电动汽车的驱动电机通常要求频繁地启动/停车、加速/减速，低速或爬坡时要求高转矩，高速行驶时要求低转矩，并要求变速范围大，而工业驱动电机通常优化在额定的工作点。

因此，电动汽车驱动电机比较独特，应单独归为一类，对它们在负载、技术驱动性能和工作环境等方面有着特殊的要求。

1. 过载能力要强

电动汽车驱动电机需要有 4～5 倍的过载，以满足短时加速或爬坡的要求。而工业驱动电机只要求有 2 倍的过载就可以了。

2. 基速比要大

基速比是电机的最高转速和电机在恒转矩控制时能达到的最高转速之比。例如，电机在最高电压时的最高转速为 12 500 r/min，电机在最高电压时变频器控制最大输出电流能保持的最高转速为 2 500 r/min，则基速比为 5∶1。

电动汽车的最高转速要求达到在公路上巡航时基本速度的 4～5 倍，而工业驱动电机只需要达到恒功率是基本速度的 2 倍即可。

3. 设计目标要求高

电动汽车驱动电机需要根据车型和驾驶员的驾驶习惯设计，而工业驱动电机只需要根据典型的工作模式设计。

4. 功率密度要高

电动汽车驱动电机要求有高功率密度（一般要求达到 1 kg/kW 以内）和好的效率（在

较宽的转速范围和转矩范围内都有较高的效率），从而能够降低车重，延长续驶里程。而工业驱动电机通常对功率密度、效率和成本进行综合考虑，在额定工作点附近对效率进行优化。

5. 可控性要好

电动汽车驱动电机要求工作可控性高、稳态精度高（转速误差小）、动态性能好（加减速响应快），而工业驱动电机只有某一种特定的性能要求。

6. 工作环境差

电动汽车驱动电机被安装在机动车上，空间小，产生热量多，要有专门的水冷却循环。由于工作在外界环境，防尘和防水等级要高，一般为IP67，早期开发的电动汽车电机要求不高，防尘和防水等级可能会低于IP67。因为工作在频繁振动等恶劣环境下，所以可靠性要高，而工业驱动电机通常在某一个固定位置工作。

4.2 汽车永磁同步直流无刷电机

在电动汽车电动机中，永磁同步直流无刷电机因其效率高（在95%以上），大于感应电动机，是高、中、低档电动轿车中优先采用的电机。

4.2.1 永磁无刷电动机优点

（1）电动机转子由高磁能永磁材料打造，对于给定的输出功率，它的质量和体积能够大大减小，使得功率密度提高。

（2）转子为永磁体，铁损小于感应电动机的转子，其效率远高于感应电动机。

（3）电动机发热主要集中在定子上，易于采取散热措施。

（4）永磁体没有其他励磁制造缺陷、过热或机械损坏的限制，因而可靠性较高。

汽车永磁电动机按有无换向电刷可分为永磁有刷直流电动机和永磁无刷直流电动机两种。根据输入电动机接线端的交流波形，永磁无刷电动机可分为永磁同步电动机（正弦波）和永磁直流无刷电动机（矩形波）。正弦波产生的转矩基本是恒转矩，这与绕线转子同步电动机相同。永磁直流无刷电动机输入的是交流方波，采用离散转子位置反馈信号控制换向。由于方波磁场与方波电流之间相互作用而产生的转矩比正弦波大，所以，永磁直流无刷电动机的功率密度大，由功率器件的换向电流引起的转矩脉动也大。

4.2.2 直流电动机模型

直流有刷电动机工作原理如图4-1所示。若在A、B之间外加一个直流电源，A接电源正极，B接负极，则线圈中有电流流过。当线圈处于图4-1所示位置时，有效边ab在N极下，cd在S极上，两边中的电流方向为$a \rightarrow b$，$c \rightarrow d$。由安培定律可知，ab边和cd边所受的电磁力为$F = BLI$。式中，I为导线中的电流，单位为安（A）。根据左手定则可知，两个F的方向相反，如图4-1所示，形成的电磁转矩驱使线圈逆时针方向旋转。当线圈转过 180°时，cd 边处于 N 极下，ab 边处于 S 极上。由于换向器的作用，使两有效边中电流的方向与原来相反，变为 $d \rightarrow c$、$b \rightarrow a$。这就使得两磁极对应的有效边电流的方向保持不变，因受力方向和电磁转矩方向都不变，电动机转子得以顺利转动。但 abcd 中线圈的电流方向是变化的，电流是矢量，所以，通过 abcd 线圈的是交变电流。

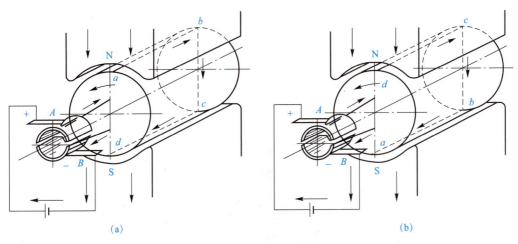

图 4-1　直流电动机工作原理

由于换向器和电刷的存在，换向时换流容量过大，会烧毁换向器和电刷，严重时出现换向器上环火；有刷电动机的功率一般在 10 kW 以内，换向器会引起转矩波动，限制电动机的转速，而电刷则会带来摩擦与射频干扰（RFI）；而且，由于磨损和断裂，换向器和电刷需要定期维护。这些缺点使其可靠性低且不适合免维护工作，从而限制了它们在电动汽车驱动领域的广泛应用。

对于电动汽车功率需要从几十千瓦到几百千瓦，只能采用电力电子换向的永磁直流无刷电动机或永磁同步直流无刷电动机，由于同步无刷扭矩输出更平稳，轿车使用同步无刷电动机。

直流电动机之所以称为直流电动机是因为电源是直流电，交流电动机之所以称为交流电动机是因为电源是交流电，无论是直流电动机还是交流电动机，线圈内部电流方向都是变化的。可见，有刷电动机工作的条件是线圈能在换向点处把电流换向，电机就能顺利转动下去。现在把电动机转子采用永磁体，定子线圈采用电子换向，在转子上增加位置传感器，电机变频器根据转子位置，通过控制开关管的导通与截止，实现对线圈电子换向，这个传感器通常称为电机解角传感器。

4.2.3　三相直流无刷电动机

1. 三相直流无刷电动机基本结构

如图 4-2、图 4-3 所示，三相直流无刷电动机是在最简单的电动机基础上定子和转子同步加倍做成的，这就相当于多缸发动机是在单缸发动机的基础上罗列出来的。

这里极数 P 相当于活塞个数，而一个活塞的配气机构是三个定子磁极。

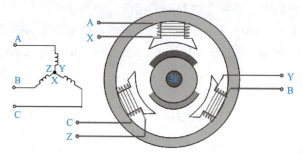

图 4-2　最简单的原始三相直流无刷电动机（槽数 $Z=3$，极数 $2P=2$）

注：其相当于单缸发动机

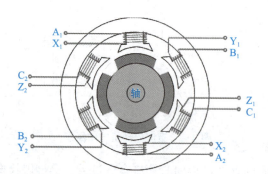

图 4-3　定子极数和转子极数加倍（槽数 $Z=6$，极数 $2P=4$）

注：其相当于两缸发动机

2. 加倍降低波动

为了降低电机转子的转矩波动，通常要将定子极数和转子极数加倍，在两倍（相当于两缸发动机）原始电动机 A 相中，A_1X_1 和 A_2X_2 串在一起构成 A 相，通电时会同时产生磁通。

4.2.4　电机铭牌

图 4-4 所示为永磁同步直流无刷电机铭牌。额定功率是电机工作在最好的负载阻力情况下出现的，即负载阻力不能太小，也不能过大。而峰值功率是由变频器控制产生的，变频器对逆变桥的输出做了一个功率限制，也就是电流输出限制，一般汽车电机变频器限制输出为额定功率的 1.8～2.0 倍，少数汽车电机取到 2.5 倍，这个与变频器的能力有关。关于绝缘等级 H、IP67 和工作制 S9 可参见感应电机的铭牌解释。

图 4-4　永磁同步直流无刷电机铭牌

4.3 电动汽车感应电动机

电动汽车变频感应电动机因其效率低(一般效率在75%～80%)、体积大、重量大的缺点,一般只应用于电动卡车或客车上。其实感应电动机也有优点,如低的成本价格和高的可靠性。

4.3.1 感应电动机种类

交流感应电动机有绕线式感应电动机和鼠笼式感应电动机两种类型。

绕线式感应电动机成本高、需要维护、缺乏坚固性,因而没有鼠笼式感应电动机应用广泛,或者说是在电动汽车的电力驱动中根本无法应用。

鼠笼式感应电动机简称为感应电动机。感应电动机驱动除具有无换向器电动机驱动的优点外,还具有成本低、坚固等优点。这些优点超过了其控制复杂的缺点,推动了感应电动机在电动汽车驱动中的广泛应用。

4.3.2 感应电动机结构

用于电动汽车的感应电动机在原理上与工业中用的变频感应电动机结构基本相同。然而,这种电动机结构需要专门设计,不能直接使用工业电机应用于电动汽车。

交流感应电动机的结构分为定子结构、转子结构和接线端子结构三部分,有的还加入风扇。

1. 定子结构

如图4-5所示,定子铁芯采用更薄的硅钢片叠成,电机定子线圈的绝缘等级要高,电动机的电压等级需合理地采用高电压和低电流的设计,以减少功率逆变器的成本和体积。铸铝或铸铁机壳内部采用水套,制成水冷电机。采用铸铝机座来减小电动机总质量,定子壳体密封性要好,防止进水。

图 4-5 交流异步感应电动机定子

2. 转子结构

图4-6所示为汽车交流异步感应电动机转子实物,其结构可用图4-7示意表示。

（1）转子铁芯也由薄硅钢片叠加而成，以减少铁损。

（2）由于电机转速较工业电机高，所以，转子的动平衡度要高，同时轴承质量要好。

电动汽车电机在爬坡时要求低转速、高转矩，巡航时要求高转速、低转矩，车辆超车时，要求具有瞬时超载能力。

图4-6 交流异步感应电动机转子

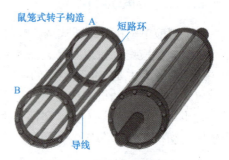

图4-7 感应电动机转子

3. 感应电动机定子接线端子

感应电动机的接线端子有"Y"星形和"△"三角形两种，接线盒内无传统工业电机的壳体接地保护。电机壳体与车身间为等电位，即两者的金属导通，电机定子线圈和车身间采用绝缘检测。一旦出现三相定子和壳体间漏电时，仪表绝缘报警，同时电池上继电器断开。

电动汽车感应电机作为电动汽车电机时，接线端子仅有U、V、W三个，不会有保护地线。

4.3.3 电动汽车变频电动机铭牌

图4-8所示为电动汽车三相异步电动机铭牌，解释如下。

1. 型号

型号是表示产品性能、结构和用途的代号，例如，YCVF250L-4C，其中"YC"表示Y系列鼠笼式异步电动机，"VF"为变频电机，"250"表示电机的中心高为250 mm，"L"表示长机座，"4C"表示4极电机。

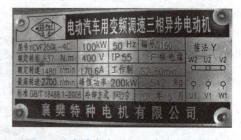

图4-8 电动汽车三相异步电动机铭牌

2. 额定功率

在额定运行（指电压、频率和电流都为额定值）情况下，电动机轴上所输出的机械功率为电动机的额定功率。

3. 额定电压

电动机在额定运行情况下的线电压为电动机的额定电压。一般规定电动机的电压不应高于或低于额定值的 5%。

如三相定子绕组可有两种接法时,就标有两种相应的额定电压值。假如电压高于额定值时,励磁电流将增大,铁损会增加,绕组有过热现象。电压低于额定值时,在电动机满载的情况下,会引起转速下降,电流增加,使绕组过热。当电压低时,电动机最大转矩也会显著降低。

4. 额定电流

额定电流是指电动机在额定电压、额定频率和额定负载下运行时,三相定子绕组中通过的线电流,单位为 A。由于定子绕组的连接方式不同,额定电压不同,电动机的额定电流也不同。例如,一台额定功率为 10 kW 的三相异步电动机,其绕组做三角形连接时,额定电压为 220 V,额定电流为 68 A。其绕组做星形连接时,额定电压为 380 V,额定电流为 39 A。也就是说,铭牌上标明接法三角形/星形,额定电压 220/380 V 和额定电流 68/39 A。

5. 额定频率

额定频率是指电动机所接交流电源的频率。我国发电厂所生产的交流电,频率为 50 Hz,频率降低时,转速降低,定子电流增大。

6. 额定转速

额定转速是指电动机在额定电压、额定频率和额定负载下运行时,转子每分钟的转数,单位为 r/min。其值略低于同步转速。

7. 接法

接法是指电动机在额定电压下定子绕组的接线方式。一般有星形和三角形两种接法,在电动汽车中多为星形接法,没有保护地线。

8. 绝缘等级

绝缘等级是根据绕组所用的绝缘材料,按照它的允许耐热程度规定的等级。中小型异步电动机的绝缘等级有 A 级、E 级、B 级、F 级和 H 级,各级耐温如下:

A	E	B	F	H
105	120 ℃	130 ℃	155 ℃	180 ℃

电动机的工作温度主要受绝缘材料的限制。若工作温度超出绝缘材料所允许的温度,绝缘材料就会迅速老化,其使用寿命将大大缩短。修理电动机时,所选用的绝缘材料应符合铭牌规定的绝缘等级。

9. 温升

温升是指电动机长期连续运行时的工作温度比周围环境温度高出的数值。我国规定周围环境的最高温度为 40 ℃。例如,若电动机的允许温升为 65 ℃,则其允许的工作温度为 65 ℃ +40 ℃ = 105 ℃。电动机的允许温升与所用绝缘材料等级有关。电动机运行中的温升对绝缘材料的使用寿命影响很大,理论分析表明,电动机运行中绝缘材料的温度比额定温度每升高 8 ℃,其使用寿命将缩短一半。

10. 工作定额

电动机工作定额也称为电动机的工作制,是表明电动机在不同负载下的允许循环时间。工作制分为 S1～S10 级，允许的循环包括启动、电制动、空载、断能停转及这些阶段的持续时间和先后顺序。

（1）S1 连续工作制：在恒定负载下的运行时间足以达到热稳定。按铭牌上规定的功率长期运行，如水泵、通风机和机床设备上电动机的使用方式都是连续运行方式。

（2）S2 短时工作制：在恒定负载下按给定的时间运行，该时间不足以达到热稳定，随之即断能停转足够时间，使电动机再度冷却到与冷却介质温度之差在 2 K 以内。

（3）S3 断续周期工作制：按一系列相同的工作周期运行，每一周期包括一段恒定负载运行时间和一段断能停转时间。这种工作制中的每一周期的启动电流不致对温升产生显著影响，如起重机等设备上用的电动机就是断续运行方式。

（4）S4 包括启动的断续周期工作制：按一系列相同的工作周期运行，每一周期包括一段对温升有显著影响的启动时间、一段恒定负载运行时间和一段断能停转时间。

（5）S5 包括电制动的断续周期工作制：按一系列相同的工作周期运行，每一周期包括一段启动时间、一段恒定负载运行时间、一段快速电制动时间和一段断能停转时间。

（6）S6 连续周期工作制：按一系列相同的工作周期运行，每一周期包括一段恒定负载运行时间和一段空载运行时间，但无断能停转时间。

（7）S7 包括电制动的连续周期工作制：按一系列相同的工作周期运行，每一周期包括一段启动时间、一段恒定负载运行时间和一段快速电制动时间，但无断能停转时间。

（8）S8 包括变速变负载的连续周期工作制：按一系列相同的工作周期运行，每一周期包括一段在预定转速下的恒定负载运行时间和一段或几段不同转速下的其他恒定负载运行时间，但无断能停转时间。

（9）S9 负载和转速非周期性变化工作制：负载和转速在允许的范围内变化的非周期工作制。这种工作制包括经常过载，其值可远远超过满载。这是电动汽车的工作制。

（10）S10 离散恒定负载工作制：包括不少于 4 种离散负载值（或等效负载）的工作制，每一种负载的运行时间应足以使电动机达到热稳定，在一个工作周期中的最小负载值可为零。

11. 额定功率因数

额定功率因数是指电动机在额定输出功率下，定子绕组相电压与相电流之间相位角的余弦为 0.70～0.90。电动机空载运行时，功率因数约为 0.2。功率因数越高的电动机，发配电设备的利用率越高。

12. 额定效率

对于电动机而言，输入功率与输出功率不等，其差值等于电动机本身损耗的功率，包括铜损、铁损和机械损耗等。效率是指输出功率与输入功率的比值，即通常为 75%～92%。电动机的损耗越小，效率越高。

13. 转子电压

转子电压仅针对绕线式异步电动机，是指定子绕组加有额定电压时，转子不转动时两个滑环间的电压。

注意：电动汽车中不用绕线式异步电动机。

14. 转子电流

转子电流仅针对绕线式异步电动机,是指在额定功率时的转子电流。

注意:电动汽车中不用绕线式异步电动机。

15. 启动电流

启动电流是指电动机在启动瞬间的电流,常用它与额定电流之比的倍数来表示。异步电动机的启动电流一般是额定电流的 4~7 倍。

16. 启动转矩

启动转矩是指电动机启动时的输出转矩,常用它与额定转矩之比的倍数来表示,一般是额定转矩的 1~1.8 倍。

17. 质量

质量是指电动机本身的质量,以供起重搬运时参考。

4.4 典型工作任务:汽车电机故障诊断方法

4.4.1 系统自诊断数据

利用诊断仪进入变频器电控单元,目前要经过整车控制器才能读出变频器的故障码和数据流,未来汽车设计的思路是诊断仪进入变频器的电控单元,读出故障码(图 4-9)。

电机限扭数据流(图 4-10)是电机在输出动力不足时才读取的数据,用来确认是否是由控制参数造成的,如由于温度造成变频器的输出电流受到变频器的限制。当电动汽车的冷却系统出现故障,使高压元件如变频器、电机等出现高温时,电机会进入限扭工作状态。

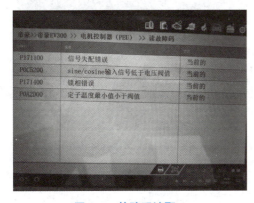

图 4-9 故障码读取

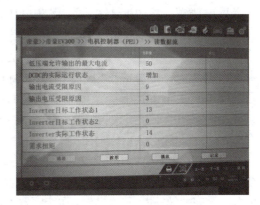

图 4-10 电机限扭数据流读取

4.4.2 汽车电机异响

汽车电机的异响故障查找方法是将电机用举升机升起,启动到前进挡,通过听诊器或穿心螺丝刀在电机外壳体的轴承处（图4-11）听诊。实际情况是电机轴承损坏较少，更多的为电机后部减速箱的轴承产生的异响，因此，为确认准确的故障部位，实际要在电机侧和减速箱侧分别听诊（图4-12），以防造成误诊。

对于凸极转子，可能会有磁条脱落产生的异响，这要将电机分别挂入前进挡和倒挡听诊异响声音是否相同，若不相同可能有磁条脱落。磁条脱落可能会使电机一个方向转动正常，而另一个方向转动困难。

图4-11　电机轴承侧异响听诊

图4-12　电机后侧减速箱轴承异响听诊

4.4.3　电机故障确认

汽车电机的转子是永磁体或鼠笼体，故障较少。电机检查主要集中在定子检查上，包括电机的定子线圈与电机壳体的绝缘检查和定子功率平衡检查。

电机定子绝缘检查采用绝缘表（图4-13），利用数字绝缘表内部电池产生的1 000 V电压来测量电机的定子线圈是否绝缘合格，也可采用价格低廉的手动绕表，但要注意操作要领，按说明书操作，以防电压过高击穿定子绝缘。

定子绝缘的测量位置选择在变频器的三根输出电缆上，也可取下电机测量，实际问题是将电机从车上抬下测量的方法浪费时间较多，一般可直接在变频器输出的三相线与电机壳体之间测量。

图4-13　电机定子绝缘检查用绝缘表

如果测量位置选择在变频器的三根输出电缆上，先要等变频器母线电容放电结束，防止在操作中误触直流端触电。将变频器与三根电缆之间的螺栓断开后，需要在变频器上用一绝缘物隔离变频器上逆变桥端子，防止绝缘表的高电压进入变频器影响电机的测量。如图4-13所示，在变频器逆变桥的三根输出电缆上垫有白色的绝缘塑料袋（细看在绝缘手套下），要佩戴直流耐压1 000 V（零级）的绝缘手套作为防护，以防止来自绝缘表的1 000 V脉冲电压对人造成惊吓（实际来自绝缘表的1 000 V脉冲电压对人身体是无害的，所以这里只能用"惊吓"一词）。本例电机定子和壳体的绝缘电阻为 11 GΩ（图 4-14）。

图 4-14　本例电机定子和壳体的绝缘电阻为 11 GΩ

电机定子功率平衡检查的目的是检查电机定子线圈匝间是否有短路故障。由于电机定子线圈电阻非常小，即使使用精确度高的数字万用表，由于接触误差，实际测量也很难确认是否存在匝间短路故障。定子功率平衡检查是利用数字电感表，也就是 LCR 表，LCR 是电感、电容、电阻英文的缩写。数字电感表输出一定频率的交流电通入电机的定子线圈，由于汽车电机定子线圈采用星形接法时，没有中性线，所以，在外部测量定子线圈时取任意两根电机供电缆测量，共分三次，对比测量结果，若一致性好，说明没有匝间短路。

第 5 章
汽车变频器原理与诊断

能画出电机逆变桥的电路；
能说出电机的两两导通和三三导通的定义；
能说出吉利 EV300 变频器的内部元件组成和功能；
能说出比亚迪 E6 变频器的内部元件组成和功能。

能说出吉利 EV300 电动汽车冷却系统的工作过程；
能说出比亚迪 E6 电动汽车冷却系统的工作过程。

5.1 逆变桥导通方式

目前，电动汽车直流无刷电动机的换流方式为全桥换流，由 $V_1 \sim V_6$ 六只功率管构成的全桥可以控制三相绕组 U、V、W（有的书写为 A、B、C 三相绕组）的通电状态。按照功率管的通电方式划分，可分为两两导通（120°导通）和三三导通（180°导通）两种控制方式。

5.1.1 两两导通

在两两导通方式下，每一瞬间有两个功率管导通，每隔 1/6 周期即 60°电角度换相一次。每次换相一个功率管，每只功率管持续导通 120°电角度。每个绕组正向通电、反向通电各 120°电角度。对应每相绕组持续导通 120°电角度，在此期间对于单相绕组电流方向保持不变。假设流入绕组的电流产生正的转矩，流出绕组的电流产生负的转矩。每隔 60°电角度换相一次意味着每隔 60°电角度合成转矩方向转过 60°电角度，大小保持为 $\sqrt{3}$ 倍的扭矩。

两两导通要比三三导通好理解，为了便于说明，以"两两导通"为例，电机转动以 60°电角度出现一次换流，如图 5-1 所示为电机定子的"两两导通"控制方式。

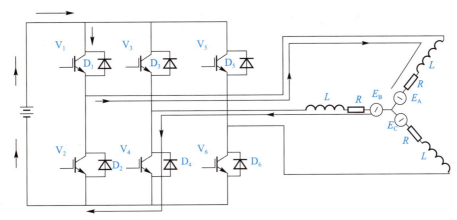

图 5-1 电机定子的"两两导通"控制方式（IGBT 管换流）

两两导通工作原理如下：

以电机转子在 0°为初始点，先让 V_1 导通 120°电角度，在这期间 V_4 先导通 60°电角度，电流先经 V_1 → U 相→ V 相→ V_4 流至蓄电池负极。控制 V_4 截止，再控制 V_6 导通 60°电角度，电流先经 V_1 → U 相→ W 相→ V_6 流至蓄电池负极。电动机转动 120°，距初始点为 120°。

以电机转子在 120°为第二始点，让 V_3 导通 120°电角度，在这期间 V_2 先导通 60°电角度，电流先经 V_3 → V 相→ U 相→ V_2 流至蓄电池负极。控制 V_2 截止，再控制 V_6 导通 60°电角度，电流先经 V_3 → V 相→ W 相→ V_6 流至蓄电池负极。电动机转动 120°，距初始点为 240°。

以电机转子在 240°为第三始点，让 V_5 导通 120°电角度，在这期间 V_2 先导通 60°电角度，电流先经 V_5 → W 相→ U 相→ V_2 流至蓄电池负极。控制 V_2 截止，再控制 V_4 导通 60°电角度，电流先经 V_5 → W 相→ V 相→ V_4 流至蓄电池负极。电动机转动 120°，距初始点为 360°，完成一个圆周运动。

只要根据磁极的不同位置，以恰当的顺序去导通和阻断各相出线端所连接的可控晶体管，始终保持转子线圈所产生的磁动势领先磁极磁动势一定电角度的位置关系，便可使该电机产生一定方向的电磁转矩而稳定运行。

另外，通过借助逻辑电路来改变功率晶体管的导通顺序，即可实现电机正反转。

电机的两两导通方式和发动机的进、排气门开启类似，两气门"一进一排"。

5.1.2 三三导通

对于三三导通方式，每一瞬间有三只功率管导通，每隔 60°电角度换相一次，每一功率管通电180°电角度，如图5-2所示。每隔60°电角度换相一次意味着每隔60°电角度合成转矩方向转过60°电角度，合成转矩大小为1.5倍的扭矩。

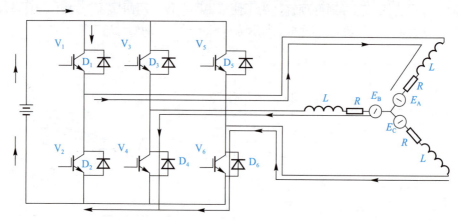

图5-2 电机定子的"三三导通"控制方式（IGBT管换流）

5.2 电机控制的本质

电机的扭矩控制本质是对两个要素的控制，第一是什么时间控制开关管导通；第二是开关管导通持续的时间（电角度）是多少。

5.2.1 电机控制系统组成

图5-3所示为电动汽车电机"逆变"控制原理图，数字信号处理器（Digital Signal Processing，DSP）接收旋变变压器信号，信号经DSP的三个信号（CAP/IOPA 3、4、5）捕捉端口进入，经过控制策略的处理后，再输给DSP内部的ePWM模块（ePWM模块是DSP内部专门为驱动电机开发输出多段脉冲波的模块）形成六路PWM脉冲波，脉冲波经光电隔离电路和反相驱动电路后接入开关管V_1至V_6的控制栅极（Gate）。

5.2.2 定时控制和定量控制

电机的定子绕组为三相星形连接，位置传感器与电机转子同轴，控制电路对位置信号进行逻辑变换后产生驱动信号，驱动信号经驱动电路放大后控制变频器的功率开关管，使电机的各相绕组按一定的顺序工作。

1. 定子线圈电流定时控制

三相永磁电机转子相当于指南针，N极F_d总是意图指向合成磁场F_a，F_a的大小及F_a和F_d的夹角（图5-4）是控制系统要控制的内容，这就相当于发动机喷油量和喷油提前角控制。

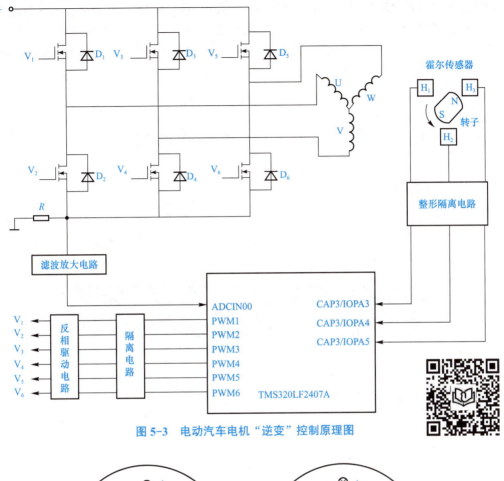

图 5-3 电动汽车电机"逆变"控制原理图

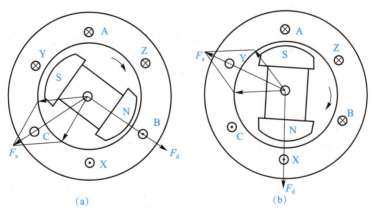

图 5-4 电机三相电流定时控制作用
(a) AX 和 BY 同时通电；(b) AX 和 CZ 同时通电

2. 定子线圈电流定量控制

在三相定子线圈的两两导通或三三导通方式中，控制 IGBT 的导通角内导通时间接近全导通则定子线圈的电流就大，产生的转矩就大，反之，控制 IGBT 有较小的导通时间则定子线圈的电流就小，产生的转矩就小，恒电流最高点发生在电机启动到基速点。

电机转速过基速点以后，变频器只执行导通时刻控制，不再对导通时间进行控制，电机转换为弱磁调速运行，即电机定子线圈的电流反而变小，这与有刷电机随电机转速升高电流下降是相同的。

5.3 典型工作任务：吉利变频器维修数据分析

5.3.1 数据流界面

在图 5-5 所示的数据中，前三项为变频器关断数据，后三项为 12 V 降压 DC/DC 转换器数据，要强调的是在吉利 EV 车系中，将 12 V 降压 DC/DC 转换器内置在变频器（厂家称为 PEU，译为功率电子单元）中。

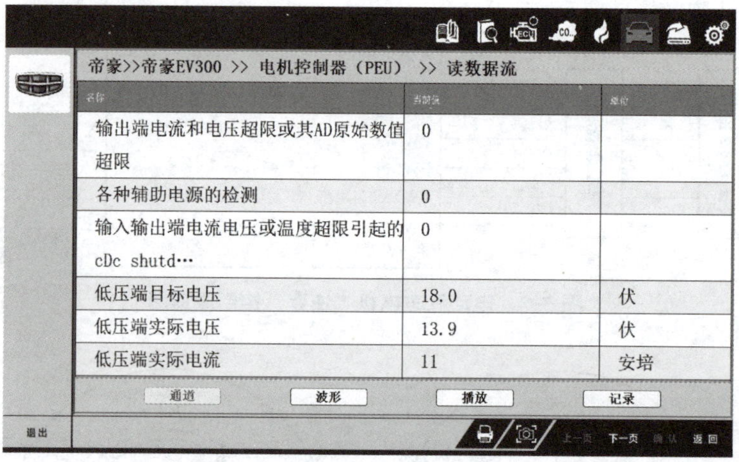

名标	数据流	单位
输出端电流和电压超限或其AD原始数值超限	0	
各种辅助电源的检测	0	
输入输出端电流电压或温度超限引起的 cDc shutd…	0	
低压端目标电压	18.0	伏
低压端实际电压	13.9	伏
低压端实际电流	11	安培

图 5-5 变频器关断和供电

在图 5-6 所示的数据中，前一项为 12 V 降压 DC/DC 转换器数据，其他为变频器数据。

图 5-7 所示为电机状态数据，电磁转矩可以通过电流算出，机械转矩可以通过电机转子的角加速度和旋转惯量算出。电机的三相电流为变频器内的两个相电流传感器测得，余下一相由前两相作差计算得出。

图 5-8 所示为电机控制系统数据，售后人员无法使用。电机控制系统的基本原理是将 A、B、C 三相电流转变成 d、q 两轴电流，通常控制目标是 d 轴电流为 0，q 轴电流是要实现控制的。

可在图 5-9 中读取变频器低压供电，也就是铅酸蓄电池的电压。母线数据可以用来分析电池箱内的高压配电箱的工作情况。

可在图 5-10 中读取变频器中 IGBT 的温度和电机中定子线圈的温度。变频器内逆变桥过流、过温及驱动部分欠压会造成紧急关断。

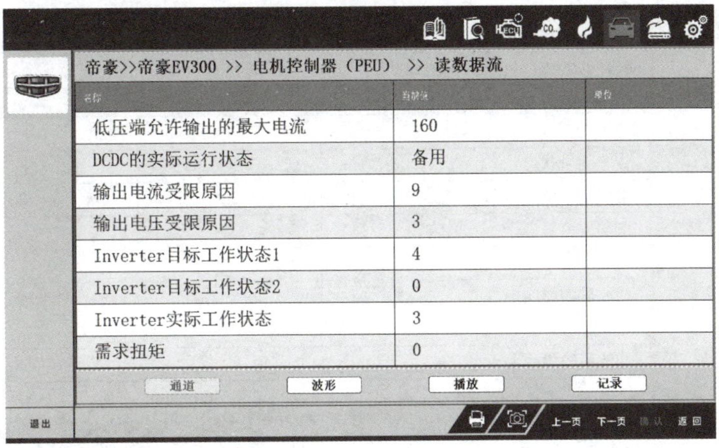
帝豪>>帝豪EV300 >> 电机控制器（PEU） >> 读数据流

名称	当前值	单位
低压端允许输出的最大电流	160	
DCDC的实际运行状态	备用	
输出电流受限原因	9	
输出电压受限原因	3	
Inverter目标工作状态1	4	
Inverter目标工作状态2	0	
Inverter实际工作状态	3	
需求扭矩	0	

图 5-6　降压 DC/DC 转换器数据及变频器数据

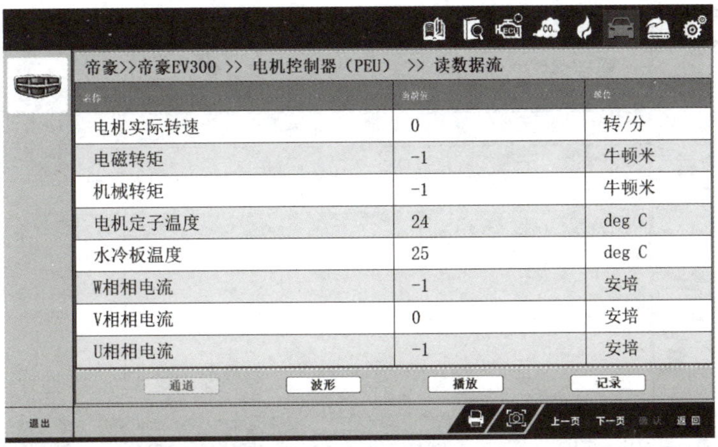
帝豪>>帝豪EV300 >> 电机控制器（PEU） >> 读数据流

名称	当前值	单位
电机实际转速	0	转/分
电磁转矩	-1	牛顿米
机械转矩	-1	牛顿米
电机定子温度	24	deg C
水冷板温度	25	deg C
W相相电流	-1	安培
V相相电流	0	安培
U相相电流	-1	安培

图 5-7　电机状态数据

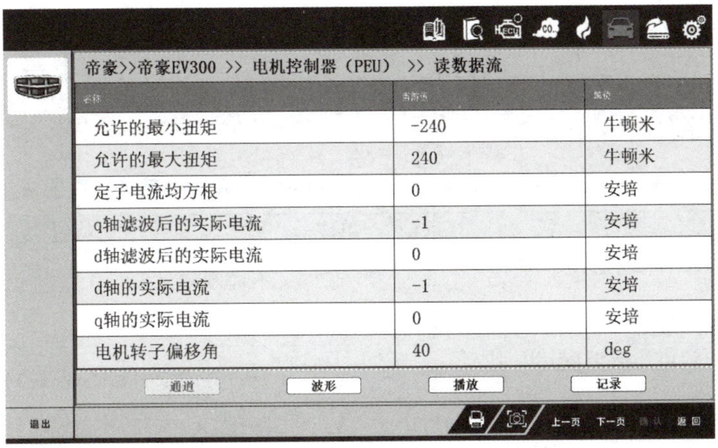
帝豪>>帝豪EV300 >> 电机控制器（PEU） >> 读数据流

名称	当前值	单位
允许的最小扭矩	-240	牛顿米
允许的最大扭矩	240	牛顿米
定子电流均方根	0	安培
q轴滤波后的实际电流	-1	安培
d轴滤波后的实际电流	0	安培
d轴的实际电流	-1	安培
q轴的实际电流	0	安培
电机转子偏移角	40	deg

图 5-8　电机控制系统数据

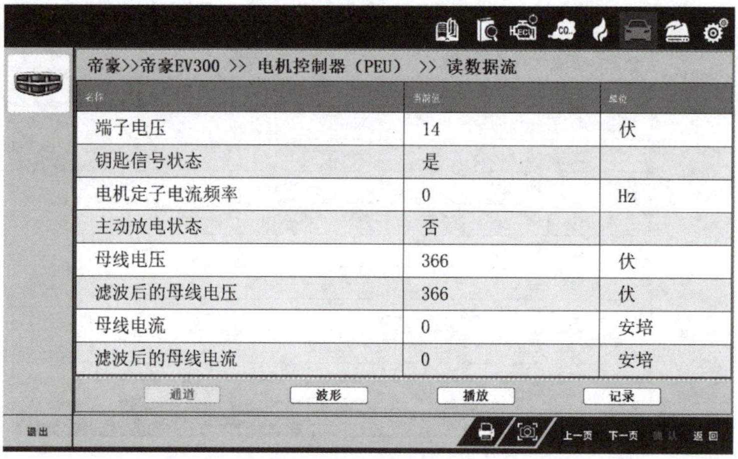

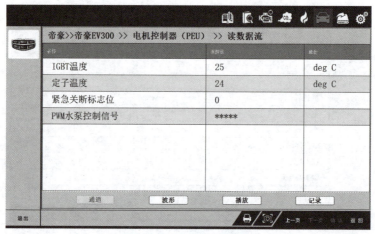

图 5-9　变频器低压供电和母线数据

图 5-10　温度和关断数据

5.3.2　数据流解析

吉利 EV300 电动汽车的变频器有变频器功能和 DC/DC 转换器功能，见表 5-1，在分析时要注意区分。

表 5-1　吉利 EV300 电动汽车的变频器及 DC/DC 转换器数据

名称	当前值	单位	解析说明
输出端电流和电压超限或其 AD 原始数值超限	0		有超限时显示非 0
各种辅助电源的检测	0		
输入输出端电流电压或温度超限引起的 cDc shutd...	0		是否有超限引起的变频器驱动关断
低压端目标电压	18.0	V	降压 DC/DC 转换器输出目标值
低压端实际电压	13.9	V	降压 DC/DC 转换器输出实际值

续表

名称	当前值	单位	解析说明
低压端实际电流	13	A	降压 DC/DC 转换器输出实际电流值
低压端允许输出的最大电流	160		降压 DC/DC 转换器允许输出最大电流值
DC/DC 的实际运行状态	备用		
输出电流受限原因	9		查阅维修手册
输出电压受限原因	3		查阅维修手册
Inverter 目标工作状态 1	4		查阅维修手册
Inverter 目标工作状态 2	0		查阅维修手册
Inverter 实际工作状态	3		查阅维修手册
需求扭矩	0		整车控制系统（VCU）发送过来的需求转矩
电机实际转速	0	r/min	电机转子的实际每分钟转速
电磁转矩	−1	N·m	开发者使用（线圈中电流在磁场作用下的力产生的转矩）
机械转矩	−1	N·m	开发者使用（负载转矩，也称阻力矩）
电机定子温度	22	deg ℃	电机定子线圈温度传感器
水冷板温度	23	deg ℃	变频器的逆变桥温度
W 相相电流	0	A	W 相相电流传感器
V 相相电流	−1	A	V 相相电流传感器
U 相相电流	0	A	U 相相电流传感器
允许的最小扭矩	0	N·m	允许的最小扭矩
允许的最大扭矩	0	N·m	允许的最大扭矩
定子电流均方根	0	A	开发者使用
q 轴滤波后的实际电流	−1	A	开发者使用
d 轴滤波后的实际电流	0	A	开发者使用
d 轴的实际电流	0	A	开发者使用
q 轴的实际电流	0	A	开发者使用
电机转子偏移角	40	deg	开发者使用
端子电压	14	V	蓄电池供电电压
钥匙信号状态	是		防盗确认钥匙合法
电机定子电流频率	0	Hz	变频器调节输出的频率
主动放电状态	否		主动放电电子开关是否接通标志（也是高压配电箱上、下监测数据）
母线电压	367	V	电池管理测得的蓄电池正、负极间电压（也是高压配电箱上、下监测数据）
滤波后的母线电压	367	V	变频器测得的供电工作电压（也是高压配电箱上、下监测数据）
母线电流	0	A	电池管理测得的母线电流（也是高压配电箱上、下监测数据）
滤波后的母线电流	0	A	变频器测得的母线电流（也是高压配电箱上、下监测数据）
IGBT 温度	23	deg ℃	变频器内部逆变桥的温度
定子温度	22	deg ℃	电机定子线圈温度
紧急关断标志位	0		变频器有故障停止驱动并对外置标志位
PWM 水泵控制信号	*****		

第 6 章
汽车充电原理与故障诊断

能说出电动汽车各种充电方式的优缺点；
能画出传导式充电的交流充电接口图和直流充电接口图；
能说出交流充电桩的充电控制过程；
能说出直流充电桩的充电控制过程。

能排除交流充电过程中的充电故障；
能排除直流充电过程中的充电故障。

6.1 充电方式简介

6.1.1 常规充电方式

常规充电方式采用恒压、恒流的传统充电方式对电动汽车进行充电。以相当低的充电电流为蓄电池充电，电流大小约为 15 A，若以 120 Ah（如 360 V，即串联 12 V 100 Ah 30 只）的蓄电池为例，充电时间要持续 8 个多小时。相应的充电器的工作和安装成本相对较低。电动汽车家用充电设施（车载充电机）和小型充电站多采用这种充电方式。车载充电机是纯电动轿车的一种最基本的充电设备。电机作为标准配置固定在车上或放在后备厢里。由于只需将车载充电机的插头插到停车场或家中的电源插座上即可进行充电，因此，充电过程一般由客户自己独立完成，直接从低压照明电路取电，电功率较小，由 220V/16 A 规格的标准电网电源供电。在 SOC 达到 95% 以上典型的充电时间为 8～10 h。这种充电方式对电网没有特殊要求，只要能够满足照明要求的供电质量就能够使用。由于在家中充电通常是晚上或者是在电低谷期，有利于电能的有效利用，因此，电力部门一般会给予电动汽车用户一些优惠，如电低谷期充电打折。

小型充电站是电动汽车的一种最重要的充电方式，充电机设置在街边、超市、办公楼、停车场等处。采用常规充电电流充电。电动汽车用户只需将车停靠在充电站指定的位置上，接上电线即可开始充电。计费方式是投币或刷卡，充电功率一般在 5～10 kW，采用三相四线制 380 V 供电或单相 220 V 供电。其典型的充电时间是：补电 1～2 h，充满 5～8 h（SOC 达到 95% 以上）。

6.1.2 快速充电方式

快速充电方式是指在短时间内使蓄电池达到或接近充满状态的一种方法。该充电方式以 1～3 C 的大充电电流在短时间内为蓄电池充电。充电功率很大，能达到上百千瓦。该充电方式以 150～400 A 的高充电电流在短时间内为蓄电池充电，与前者相比安装成本相对较高。快速充电也可称为迅速充电或应急充电，其目的是在短时间内给电动汽车充满电，充电时间应该与燃油汽车的加油时间接近。大型充电站（机）多采用这种充电方式。

电动汽车充电设备主要包括充电站及其附属设施，如充电机、充电站监护系统、充电桩、配电室及安全防护设施等。图 6-1 所示为充电站控制示意。

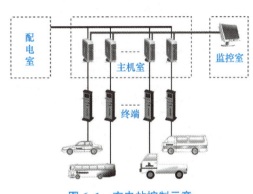

图 6-1 充电站控制示意

大型充电站（机）的快速充电方式主要针对长距离旅行或需要进行快速补充电能的情况，充电机功率很大，一般都大于 30 kW，采用三相四线制 380 V 供电。其典型的充电时间为 10～30 min。这种充电方式对电池寿命有一定的影响，特别是普通蓄电池不能进行快速充电，因为在短时间内接收大量的电量会导致蓄电池过热，对于锂离子电池可能发生着火或爆炸。

快速充电站只能采用非车载快速充电组件，也称直流充电桩，它能够输出 35 kW 甚至更高的功率。由于功率和电流的额定值都较高，因此，这种充电方式对电网有较高的要求，一般应靠近 10 kW 变电站附近或在监测站和服务中心使用。另外，该充电方式对附近的电网产生一定的谐波污染，还需采取较为复杂的谐波抑制措施。与慢速充电方式的交流充电桩相比，其安装成本相对较高，只适合大型充电站使用。

6.1.3 无线充电方式

无线充电方式包括电磁感应式（图 6-2）、磁场共振式和无线电波式三种。三种充电方式对比见表 6-1。电动汽车非接触充电方式的研究目前主要集中在电磁感应式充方式上，不需要接触即可实现充电。目前，日产和三菱都有相关产品推出，其原理是采用了可在供电线圈和受电线圈之间提供电力的电磁感应方式，即将一个受电线圈装置安装在汽车的底盘上，将另一个供电线圈装置安装在地面，当电动汽车驶到供电线圈装置上，受电线圈即可接收到供电线圈的电流，从而对电池进行充电。目前，这套装置完成充电的成本较高，还处于实验室研发阶段，其功能还有待时间验证。另外，非接触式充电方式的原理还包括磁共振和微波等。

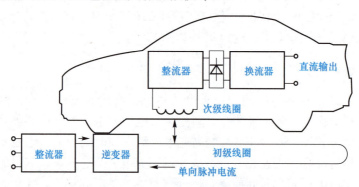

图 6-2　电磁感应式充电示意

表 6-1　三种无线充电方式比较

方式	电磁感应式	磁场共振式	无线电波式
充电原理	向地面下的初级线圈提供交流电，线圈产生交变磁场，感应在车底部的次级线圈，产生交流电	其原理与电磁感应式相同，只是初级线圈和次级线圈使用同一共振周波，可将阻抗控制在最低限度，增大发送距离	充电部分和接收部分均采用24亿5千万赫兹的微波
使用频率范围	22 kHz	13.56 MHz	2.45 GHz
输出功率	30 kW	1 kW	1 kW
传送距离	100 mm	400 mm	1 000 mm
充电效率	92%	95%	38%
日本研制企业	昭和飞行机工业	长野日本无线	三菱重工业

电动汽车无线充电方式是近几年国外的研究成果，其原理就像在车里使用的移动电话，将电能转换成一种符合现行技术标准要求的特殊的激光或微波束，在汽车顶上安装一个专用天线接收即可。有了无线充电技术，公路上行驶的电动汽车或双能源汽车可通过安装在电线杆或其他高层建筑上的发射器快速补充电能，电费将从汽车上安装的预付卡中扣除。其优势如下：

（1）电动汽车充电不再需要电源插座或充电电缆，利用感应式充电方式，电能通过埋在路面内的充电板无线传送给汽车的蓄电池，实现从路面直接给汽车充电。这一技术将极大地缩短充电时间，以沃尔沃 C30 电动汽车为例，在蓄电池完全放电的情况下，给 24 kW·h 大小的蓄电池组完全充电，预计仅用 1 h 20 min。

（2）对电动汽车蓄电池而言，最理想的情况是汽车在路上巡航时充电，即所谓的移动式充电（Mobile Automotive Charging，MAC）。这样，电动汽车用户就没有必要去寻找充电站、停放车辆并花费时间去充电了。MAC 系统埋设在一段路面之下，即充电区，不需要额外的空间。

（3）接触式和感应式的 MAC 系统都可实施。对接触式的 MAC 系统而言，需要在车体的底部装一个接触拱，通过与嵌在路面上的充电元件相接触，接触拱便可获得瞬时高电流。当电动汽车巡航通过 MAC 区时，其充电过程为脉冲充电。对于感应式的 MAC 系统，车载式接触拱由感应线圈所取代，嵌在路面上的充电元件由可产生强磁场的高电流绕组所取代。很明显，由于机械损耗和接触拱的安装位置等因素的影响，接触式的 MAC 对人们的吸引力不大。

电磁感应式非接触充电系统存在以下三方面的问题：

（1）送电距离比较短。如果两个线圈的横向偏差较大，传输效率就会明显下降。目前来看实现传输的最大距离为 10 cm 左右，而底盘的高度明显与这个高度有着非常大的偏差，因此这是一个很大的问题。

（2）散热问题。非接触充电系统需要考虑很多的散热问题，如线圈之间的发热。

（3）耦合的辐射问题。电磁感应在线圈之间传输电力，如同磁铁一样，在外圈有一定的泄漏，人如何避免受此影响是个很大的问题。线圈之间也是有可能进入杂物，还有某些动物（猫、狗）可能进入里面，一旦产生电涡流，就如同电磁炉一样，安全性问题非常明显。

一般来说，利用电磁感应原理的无线供电技术最具现实性，并且现在电动汽车上已有实际应用。

磁场共振式供电，目前技术上的难点是小型、高效率化比较难。现在的技术能力大约是直径半米的线圈，能在 1 m 左右的距离提供 60 W 的电力。磁场共振方式是现在最被看好、被认为是将来最有希望广泛应用于电动汽车的一种方式。

现在提出了利用无线电波式技术的"太空太阳能发电技术"。这种技术能应用的话，可以从根本上解决电力问题。无线供电，使得电动汽车可以提供这么一种可能：一辆电动汽车从出厂到它报废为止，终生不用去理会电力补充问题。电动汽车，在太阳能电池技术、无线供电技术，以及自动驾驶技术的支持下，完全可以颠覆现在的交通概念。在不久的将来，在高速公路上，汽车在自动行驶，而笔记本、手机需要的所有电力都来自路面下铺装的供电系统，或者来自汽车上的接收装置接收的电磁波。随着电动汽车的发展，无线充电技术必定有着广阔的利用空间。

电动汽车的充电还是采用普通充电为主、快速充电为辅的充电方式。对于电动公交车而言，充电站设在公交车总站内。在晚间下班后利用低谷充电，时间为 5～6 h。全天运行的车辆，续驶里程不够时，可利用中间休息待班时间进行补充充电。充电器的数量和容量根据车队的规模而定，充电站由车队管理。1～3 C 的快速充电模式，已经在探讨应用，但应在确保电池安全和使用寿命的前提下进行。

6.1.4 未来其他前沿技术

Altair 纳米技术公司为电动汽车开发的锂离子电池可以极快的速度充电，容量高达 35 kW·h 的电池可以在 10 min 之内充电完毕，安装这种电池的载人小汽车可以续航 160 km。10 min 之内把 35 kW·h 的电池充电完毕需要 250 kW 的充电功率，这是一栋办公大楼最大用电负荷的 5 倍。

麻省理工学院研究人员发明了一项充电材料表面处理技术，利用这种新技术制造的手机电池可以在 10 s 内完成充电，汽车电池可在 5 min 内充好电。一块锂电池完成充电一般需要 6 min 或更长的时间。但传统的磷酸铁锂材料在经过表面处理生成纳米级沟槽后，可将电池的充电速度提升 36 倍（仅为 10 s）。麻省理工学院表示，由于这项技术不需要新材料，只是改变制造电池的方法，所以用两年到三年时间就可以将这项技术市场化。

据索尼官方新闻稿表示，索尼已经开发出了一种快速充电锂电池，仅需半个小时就能让电池充电 99%，功率可达 1 800 W/kg，并可延长 2 000 次循环充放电寿命。这种电池采用磷酸铁锂作为阴极材料，以增强阴极的晶体结构并能保证其高温状态下的稳定性。通过与索尼新设计的粒子技术阳极材料组合，该电池可以有效降低电阻，并提高输出功率。

6.1.5 如何解释 V to X

1. V2G

V2G 是 Vehicle-to-Grid 的简称，功能是在电动汽车的蓄电池和电力网之间交换电力。V2G 通常被这样使用，即当出现地震等自然灾害时，电动汽车开到医院或灾区现场利用车载的蓄电池为其场地的动力机械设备供电，通常可实现交流单相输出，当然成本允许也可以实现三相输出。

2. V2H

V2H 是 Vehicle-to-Home 的简称，主要功能是为家庭充电提供便捷实用的服务。由于大部分车辆 95% 的时间处于停驶状态，车载电池可以作为一个分布式储能单元。这种双向电力融合，一方面可以提高电网的运行效率，另一方面用户也可以借助峰谷电价从中获益。

V2G 和 V2H 具有相同的功能，都是在电动汽车的蓄电池和电力网之间交换电力，不过是根据使用交流电的对象分成了两种。据说一台家用电动轿车采用 V2G/V2H 模式，在一般家庭正常使用情况下，每月的电费非但不用支出，甚至还有盈余。所以，V2G/V2H 模式被称为推广 PHEV 和 EV 最好的助推剂。

3. V2V

V2V 是 Vehicle-to-Vehicle 的简称，它描述了这样的一个系统：当有一台电动汽车出现无电无法运行时，有电的电动汽车可以开过来通过充电口对接线为无电的电动汽车充电，从而恢复其行驶能力。

4. V2I

V2I 是 Vehicle-to-Infrastructure 的简称，使车辆与基础设施相互之间能通信。

V2I 设备是协作式智能交通系统（Cooperative Intelligent Transportation System，C-ITS）的一部分，该系统可以实现车辆和路边基础设施（如交通信号灯）之间共享信息，不仅可以获得其他车辆和道路使用者的周边状况信息，并确保信息的质量和可靠性，还能迅速将限速、路面结冰警告或其他危险警告、交通拥堵、道路施工警示等信息传送至过往车辆和交通管理中心，整个过程安全可靠。

V2I 技术的成功应用将有利于减少交通拥堵、交通事故等情况的发生，同时也使得与汽车相关的环境污染风险大大降低。

6.2 充电机功能简介

6.2.1 充电桩

随着我国新能源汽车，特别是纯电动汽车的迅速发展，电动汽车充电站及其配套充电设备必将处于新能源交通领域的前沿位置。

电动汽车充电桩有交流充电桩和直流充电桩两种，交流充电桩和直流充电桩的区别见表 6-2。

表 6-2 交流充电桩和直流充电桩的区别

区别	交流充电桩	直流充电桩
给车辆供给的电能是交流，还是直流	给车辆供给的电能是交流，功率在 3.3 kW、6.6 kW 或 9.9 kW 等，站在车辆角度交流充电桩本质是一个交流电提供桩	给车辆提供直流电能，并直接充入车辆的动力蓄电池，功率在几十个至几百个 kW。站在车辆角度直流充电桩才是一个充电桩
充电机数量和安装位置	只有一个充电机安装在电动汽车内部，实现交流变直流充电的功能	多个充电机并联安装在车外的直流充电桩内，实现交流变直流充电的功能
计量计费功能	具备计量计费功能	具备计量计费功能
通信	车辆电池管理系统通过 CAN 总线实时将理想的充电电流值发送给车内的充电机，车内充电机按电池管理系统实时换流出这个电流值。交流充电桩不接收电池管理系统发送的充电电流值	车辆电池管理系统通过 CAN 总线实时将理想的充电电流值发送给直流充电桩，直流充电桩按电池管理系统实时换流出这个电流值

电动汽车充电的核心是充电机。充电机至少能为锂电池、铅酸电池和镍氢电池三种类型中的一种采用相应的充电方式充电。

6.2.2 充电机功能

充电机设定方式可分为自动设定方式和手动设定方式两种。

1. 自动设定方式

在充电过程中，充电机依据蓄电池管理系统提供的数据动态调整充电参数、执行相应动作，完成充电过程。

2. 手动设定方式

由操作人员设置充电机的充电方式、充电电压、充电电流等参数，在电动汽车与充电机连接正常且充电参数不超过电动汽车蓄电池管理单元最大许可范围时，充电机根据设定参数执行相应操作，完成充电过程。充电机采用手动设定方式时，应具有明确的操作指示信息。

充电机采用高频开关电源模块，主要功能是将交流电源变换为高品质的直流电源，应采用脉冲宽度调制方式原理。模块应由全波整流及滤波器、高频变换及高频变压器、高频整流滤波器等组成。

每个高频开关电源模块内部应具有监控功能，显示输出电压/电流值，当监控单元故障或退出工作时，高频开关电源模块应停止输出电压。正常工作时，模块应与直流充电机监控单元通信，接受监控单元的指令。

高频开关电源模块应具有交流输入过电压保护、交流输入欠电压报警、交流输入缺相报警、直流输出过电压保护、直流输出过电流保护、限流及短路保护、模块过热保护及模块故障报警功能。模块应具有报警和运行指示灯。任何异常信号均应上送到监控单元。

充电机不同相位的两路或多路交流输入进线应均匀接入充电机高频开关电源模块上，以实现脉波整流。高频开关电源模块应具有带电插拔更换功能，具有软启动功能，软启动时间为3~8 s，以防开机电压冲击。充电机应具有限压、限流特性。限压特性：充电机在恒流充电状态运行时，当输出直流电压超过限压整定值时，应能自动限制其输出电压增加；限流特性：充电机在稳压状态下运行时，当对蓄电池的充电电流超过电池的限流整定值或输出直流电流超过充电机总限流整定值时，应能立即进入限流状态，自动限制其输出电流增加。全自动充电机适用的电池类型有镍铬、镍氢、铅酸、锂离子电池等。

充电机充电特性：采用智能充电技术，充电过程无须人工干预。严格按照蓄电池充电特性曲线进行充电，采用"恒流→恒压限流→涓流浮充"智能三阶段充电模式，使每节电池都能够较快地、充分地充满电，避免过充，完全做到全自动切换功能。

6.2.3 充电模式及数据处理

1. 智能三阶段充电模式

（1）充电初期采用恒流技术，使充电电流恒定，避免损坏电池，加速电池的老化；

（2）充电电压达到上限电压时自动转换为恒压限流充电，有效地提高了蓄电池的容量转换效率；

（3）涓流浮充使各单体电池均衡受电，保证电池容量得以最大限度恢复，有效解决单体电压不均衡现象，避免了市电电压的变化和蓄电池充电的末期造成的蓄电池过压充电的危险，大大延长了蓄电池的使用寿命。

适用电池范围广：充电电流可在10%至额定值内任意设定，且不受输入交流电压变化的影响，在恒流充电期间电流维持不变，无须人为调整。

2. 特殊功能数据转储和处理

充电结束后，采集的数据可经 U 盘转存或经 RS232 接口直接上传计算机，经配套的数据处理软件后台处理后，可自动生成各种图表，为判别整组电池的优劣提供了科学的依据。

注意：充电机启动、停电后恢复充电需人工确认，充电机应具有急停开关。

6.2.4 监控功能

直流充电机监控单元应具有完善的监控功能，至少应具有以下监控功能。

1. 模拟量测量显示功能

测量显示充电机交流输入电压、充电机输出电压/电流、各个高频电源模块输出电流等。监控单元电流测量精度在 20%～100% 额定电流范围内，其误差应不超过 ±1%；电压测量精度在 90%～120% 额定电压范围内，其误差应不超过 ±0.5%。

2. 控制功能

监控单元应能适应充电机各种运行方式，能够控制充电机自动进行恒流限压充电→恒压充电→停止充电运行状态。

3. 告警功能

充电机交流输入异常、电源模块告警/故障、直流输出过/欠压、直流输出过流、充电机直流侧开关跳闸/熔断器熔断、充电机故障、充电机监控单元与充电站监控系统通信中断、监控单元故障时，监控单元应能发出声光报警，并应以硬接点形式和通信口输出到监控系统。

4. 事件记录功能

监控单元应能存储不少于 100 条事件。充电机告警、充电开始/结束时间等均应有事件记录，应能保存至少 20 次充电过程曲线，事件记录和曲线具有掉电保持功能。

5. 参数整定和操作权限管理

监控单元应具有充电机参数整定和操作权限管理功能，任何改变运行方式和运行参数的操作均需要权限确认。

6. 对时功能

监控单元至少应满足 PPS（秒脉冲）、PPM（分脉冲）对时要求，宜能接收 IRIG-B（DC）码来满足对时要求，且 GPS 标准时钟的对时误差应不大于 1 ms。

6.2.5 显示输出功能

显示输出功能应包含下列信息：

（1）电池类型、充电电压、充电电流、充电功率、充电时间、电能量计量和计费信息。

（2）在手动设定过程中应显示人工输入信息。

（3）在出现故障时应有相应的提示信息。

（4）可根据需要显示电池最高和最低温度。

6.2.6 通信信息

通信内容包括：蓄电池组标识、蓄电池组类型、蓄电池组容量、蓄电池组状态、蓄电池组故障代码、蓄电池组电压、蓄电池组充电电流、蓄电池组充电功率、蓄电池组充电时间、蓄电池组充电电能、单体蓄电池电压、单体蓄电池荷电、蓄电池温度等；充电机状态、充电机故障代码、充电机交流侧开关状态、充电机直流输出电压、充电机直流输出电流、充电机直流侧开关状态、充电机直流侧开关跳闸；监控单元输出故障、充电机与监控系统通信中断等；后台监控系统输出充电机开/关机、充电机紧急停机、充电机参数设置等。

6.2.7 电动汽车智能充电及管理系统功能

电动汽车智能充电及管理系统能够实现对电池的检测、维护、保养，续驶里程估算，内阻检测估算，电能计费，联网监控，人机交互显示等功能，如图6-3所示。

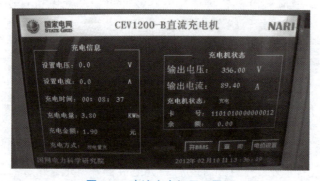

图6-3 直流充电机显示界面

采用多种充电模式具有充电电流大、充电热量少、充电速度快、还原效率高、超时充电无过充危险的优点，较一般的充电方式效率提高50%～60%。

1. 采用均衡充电

针对锂电池、铁锂电池抗过充能力差，实现动态均衡充电功能。避免不平衡趋势恶化，提高电池组的充电电压，并对电池进行活化充电，有效延长电池使用寿命。具有快速充电功能：充电10～15 min即可，充足额定电量的80%以上，续驶里程可达200～300 km。

2. 内阻检测功能

智能电池单体检测、内阻检测技术，在线巡回检测每节单体电池状况，预测各节电池供电性能，及时发现劣化电池，立即报警，为电池组"精细"维护提供测量依据。

3. 除硫养护功能

抑制硫化物产生，降低硫化速度，可使电池组的容量恢复到标称容量的95%以上，达到长期在线对电池进行除硫和修复的作用。

4. 电量计费功能

充电站输入电量，充电主机输入电量、输出电能总体计量；用户充电消费已充电量、计费单价、消费金额等存储、显示和统计。

5. 联网监控

通过 GPS 定位系统、CAN 总线装置、载波通信、监控中心对充电主机、终端、充电桩进行远程控制，实时记录充电、配电、电池维护等监控数据，异常现象声控报警，并通过通信口输出到监控系统。

6. 续驶里程估算

对电动汽车车载电池的电压、内阻检测及电量容量估算，实时评估电量信息，同时估算续航里程，避免车主遭遇电量用完的尴尬，方便用户出行。

7. 抗磁干扰

双绞屏蔽网络通信线，并置金属管中；超强滤波电路设计，严格执行通信协议，多重正确条件校验设置，全面差错校正。

8. 人机交互

触控数字液晶屏显示，语音提示，友好人机界面，显示 RFID 卡（选配）、IC 卡卡号、计费单价、充电模式、充电电压、充电电流、已充电量、所剩余额、消费金额等，并打印单据，如图 6-4 所示。

图 6-4 充电机的插卡端口和打印端口

6.3 传导式充电接口

6.3.1 充电接口形式

电动汽车传导式充电接口（Electric Vehicle Conductive Charge Coupler）标准适用于交流额定电压最大值为 380 V 和直流额定电压最大值为 600 V 的电动汽车用传导式充电接口。

国家标准规定了两种充电接口：一种是将交流供电电网连接到车载充电机上进行充电的"交流充电"接口；另一种是利用非车载充电机（充电桩）对电动汽车进行"直流充电"的接口。

充电插头的电动汽车国家标准对插头和充电接口的材质、接触电阻、工作额定电流、工作额定电压、插拔力、电气性能、防水等级、断开状态、充电状态、防松设置、及时断开等都作了规定。

6.3.2 充电模式和插头颜色

电动汽车充电模式有充电模式1、充电模式2、充电模式3三种。其中，充电模式1和2使用的电源为交流，充电模式3使用的电源为直流。

1. 充电模式1

使用车载充电机对电动汽车进行充电时，充电电缆通过符合《家用和类似用途插头插座　第1部分：通用要求》（GB 2099.1—2008）要求的额定电流为16 A 的插头插座与交流电网进行连接。其额定电压和额定电流应符合要求，单相220 V 交流，电流16 A，作为家庭使用额定电流为16 A 的标准插座连接交流电网。交流充电接口端子连接方式为 L_1+N+PE+CP+CC。

2. 充电模式2

充电模式2使用特定的供电设备为电动汽车提供交流电源。根据额定电压和额定电流的不同等级将充电模式具体分为以下三种。

模式2.1：采用单相220 V 交流、电流32 A、交流充电接口端子连接方式为 L_1+N+PE+CP+CC；

模式2.2：采用三相380 V 交流、电流32 A、交流充电接口端子连接方式为 L_1+L_2+L_3+N+PE+CP+CC；

模式2.3：采用三相380V 交流、电流63 A、交流充电接口端子连接方式为 L_1+L_2+L_3+N+PE+CP+CC。

充电模式2多用在商场、停车场等通过特定的供电设备为电动汽车提供交流电源。

3. 充电模式3

使用非车载充电机对电动汽车进行直流充电，其额定电压为600 V DC，多用在高速公路服务区、充电站等，通过非车载充电机对电动汽车进行直流充电，交流充电接口端子连接方式为 L_1+L_2+L_3+N+PE+CP+CC。

在充电插头的明显区域（如锁紧装置的控制按钮表面）应用不同颜色来表示不同的充电模式。

蓝色：充电模式1；黄色：充电模式2.1，橙色：充电模式2.2，红色：充电模式2.3；红色：充电模式3。

在供电装置一侧须安装漏电保护装置；建议在供电装置一侧安装手动或自动断路器。出于安全考虑，在充电接口连接过程中，应首先连接保护接地端子，最后连接控制确认端子；在脱开的过程中，应首先断开控制确认端子，最后断开保护接地端子。

6.3.3 符号标志

充电常用符号标志如下：

Hz	赫［兹］
～或 a.c.	交流电
⎓或 d.c.	直流电

L₁、L₂、L₃	交流电源
N	中线
⏚或⏛或 PE	保护接地
DC+	直流电源正或电池正极
DC-	直流电源负或电池负极
CP	控制确认 1（充电状态控制）
CC	控制确认 2（充电枪连接）
S+	充电通信 CAN-H
S-	充电通信 CAN-L
▽	充电通信 CAN 屏蔽
A+	低压辅助电源正（如：12 V/24 V+）
A-	低压辅助电源负（如：12 V/24 V-）
IP XX（有关数字）	IP 代码［《外壳防护等级（IP 代码）》（GB/T 4208—2017）］

6.3.4 交流充电接口

交流充电接口包含 7 个端子，交流充电接口插头和插座的各个端子布置方式如图 6-5 所示。

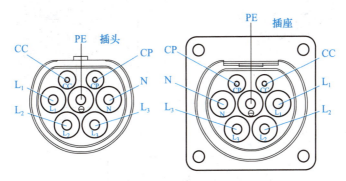

图 6-5 交流充电接口插头和插座端子布置图

交流充电接口界面如图 6-6 所示。交流充电接口端子功能定义：L₁、L₂、L₃ 为三相交流电，N 为中性线，PE 为设备接地，CC 是充电枪连接唤醒汽车端充电控制单元（可以直接是 BMS，也可以是充电辅加控制模块 ACM），CP 是充电机发出流入汽车端充电控制单元的导引脉冲信号，汽车端充电控制单元通过此线可实现对交流充电桩的控制。

6.3.5 直流充电接口

CM31（充电模式 3.1）直流充电接口包含 8 个端子，各个端子的布置方式如图 6-7、图 6-8 所示。CM31（充电模式 3.1）直流充电接口端子功能定义见表 6-3。

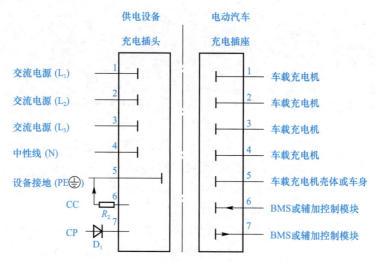

图 6-6 交流充电接口界面

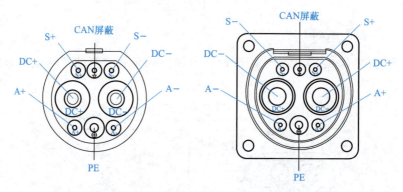

图 6-7 CM31 直流充电接口插头和插座布置

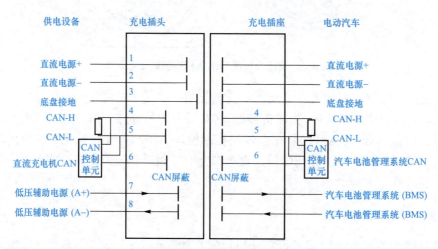

图 6-8 CM31 直流充电接口插头和插座界面示意

表 6-3　CM31（充电模式 3.1）直流充电接口端子功能定义

触点编号 / 功能	功能定义
1- 直流电源正（DC+）	连接直流电源正与电池正极
2- 直流电源负（DC-）	连接直流电源负与电池负极
3- 设备接地（PE）	在供电设备地线和车辆底盘地线之间设置的触点。在充电接口连接和断开时，该触点相对于其他触点首先完成连接并最后完成断开
4- 充电通信 CAN-H（S+）	非车载充电机与电动汽车相关控制系统进行通信
5- 充电通信 CAN-L（S-）	非车载充电机与电动汽车相关控制系统进行通信
6-CAN 屏蔽（▽）	CAN 通信用屏蔽线
7- 低压辅助电源正（A+）	非车载充电机为电动汽车提供低压辅助电源正
8- 低压辅助电源负（A-）	非车载充电机为电动汽车提供低压辅助电源负

CM32（充电模式 3.2）直流充电接口也包含 8 个端子，各个端子的布置方式如图 6-9 所示。CM32（充电模式 3.2）直流充电接口端子功能定义见表 6-4。

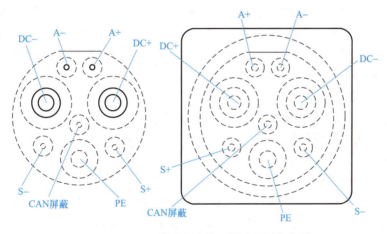

图 6-9　CM32 直流充电接口插头和插座布置

表 6-4　CM32（充电模式 3.2）直流充电接口端子功能定义

触点编号 / 功能	功能定义
1- 直流电源正（+）	直流电源正
2- 直流电源负（-）	直流电源负
3- 设备接地（PE）	在供电设备地线和车辆底盘地线之间设置的触点。在充电接口连接和断开时，该触点相对于其他触点首先完成连接并最后完成断开
4- 充电通信 CAN-H（S+）	非车载充电机与电动汽车相关控制系统进行通信
5- 充电通信 CAN-L（S-）	非车载充电机与电动汽车相关控制系统进行通信
6-CAN 屏蔽（▽）	CAN 通信用屏蔽线

续表

触点编号/功能	功能定义
7- 低压辅助电源正（A+）	非车载充电机为电动汽车提供低压辅助电源正
8- 低压辅助电源负（A-）	非车载充电机为电动汽车提供低压辅助电源负

CM32 直流充电接口插头和插座界面与 CM31 直流充电接口插头和插座界面相同，如图 6-8 所示。

6.3.6 充电接口工作原理

1. 端子连接顺序

出于安全考虑，在充电接口连接过程中，端子的连接顺序为：设备接地 PE，直流电源正 DC+ 与直流电源负 DC-，电池管理系统的低压辅助电源正 A+ 和低压辅助电源负 A-，充电通信 CAN 总线；在脱开的过程中则连接顺序相反。

2. 确认充电接口的连接

电动汽车的车辆控制装置能够通过测量检测点的峰值电压判断充电插头与充电插座是否已充分连接。电流容量的判断是车辆控制装置通过测量检测点 2 的电压值来确认充电电缆的额定电流，并通过判断该点的占空比确认当前供电设备能提供的最大电流值。电动汽车的车辆控制装置对供电设备、充电电缆及车载充电机电流值进行比较后，按照其中的最小电流值对电动汽车进行充电。

3. 输出功率调整

充电过程中输出功率的调整是车辆控制装置应对检测点 2 信号的占空比进行不间断的监测。当接收的振荡信号占空比有变化时，车辆控制装置应实时调整车载充电机的输出功率。

4. 充电系统的停止

充电系统的停止是在充电过程中，车辆控制装置不间断测量检测点 2 的峰值电压或占空比，如果信号异常，车辆控制装置应立即关闭车载充电机的输出。供电设备在充电过程中不间断测量检测点 1 的峰值电压，如果信号异常则断开交流输出端的接触器或开关。

在供电设备无故障的情况下，其内部开关为常闭状态。当使用充电电缆将供电设备与电动汽车连接完毕后，供电设备通过测量检测点 1 的峰值电压判断充电电缆是否连接完毕。当供电设备接收到启动信号（如刷卡等）后，闭合其交流输出端的接触器或开关，为电动汽车的车载充电机进行供电。

电动汽车的车辆控制装置通过检测点 2 的峰值电压，判断充电插头与充电插座是否已充分连接。

5. 充电系统的启动

在电动汽车和供电设备建立电气连接后，车辆控制装置通过测量检测点 2 的峰值电压，确认充电电缆的额定电流（电阻 R_2 的阻值与充电电缆额定电流的对应关系）。车辆控制装置通过判断该点的占空比确认供电设备当前能够提供的最大充电电流值。

车辆控制装置对供电设备、充电电缆及车载充电机的额定电流值三者进行比较,将其最小值设定为当前最大允许供电电流。当判断充电接口已充分连接并设置当前最大允许充电电流后,车载充电机开始对电动汽车进行充电。

在整个充电过程中,应不间断地检查充电接口的连接状态及供电设备的功率变化情况。车辆控制装置应不间断地测量检测点 2 的峰值电压及占空比。当占空比有变化时,车辆控制装置应实时调整车载充电机的输出功率。

6. 充电系统的故障停止

在整个充电过程中,若检测点 2 的信号(电压及占空比)出现异常,车辆控制装置应立即关闭车载充电机输出,停止充电。供电设备在充电过程中,应不间断地测量检测点 1 的峰值电压,如果信号异常则断开交流输出端的接触器或开关。

7. 特殊模式充电

在充电模式 1 中,充电电缆上可配备占空比固定为 20% 的振荡电路装置来作为控制导引电路。如果供电设备没有配备振荡电路装置,电动汽车在判断充电电缆完全连接后,可以按照充电模式 1 规定的额定电流进行充电。

在此过程中,交流供电装置一侧应安装手动或自动断路器,其判断步骤如下:

(1)用充电电缆将车载充电机连接到交流电网。

(2)车辆控制装置在初次上电后的一定时间内(如 5 s)没有接收到振荡器的振荡信号,闭合特殊模式开关 S_2 后判断充电接口是否已完全连接(检测点 2 的电压小于 2 V/4 V 为已连接,等于 12 V/24 V 为未连接)。

(3)车辆控制装置判断充电接口已完全连接后,可控制车载充电机按照充电模式 1 规定额定电流对电动汽车进行充电。

(4)车辆控制装置应在充电过程中不间断地监测充电接口连接状态,一旦异常应立即关闭车载充电机。

8. 直流充电接口带载插拔保护原理

在充电过程中,如果没有严格的保护控制措施,直流充电接口的带载插拔会对操作人员造成伤害。因此,需要电动汽车的电池管理系统与非车载充电设备相互协调并在充电逻辑上加以控制,从而保证充电接口在插拔过程中不带负载分断。

保护原理是充电接口的插头分别设有相对应的通信端子、直流输出端子及低压辅助电源端子。拔开充电接口时,端子的断开顺序为:通信端子→低压辅助电源端子→直流输出端子。

电池管理系统(BMS)与非车载充电设备(充电桩)在充电过程中的控制逻辑顺序如下:

(1)充电设备通过低压辅助电源端子向电动汽车的电池管理系统供电。

(2)电池管理系统与非车载充电设备进行通信。

(3)在完成握手阶段、配置阶段后,非车载充电设备开始对电动汽车进行充电。

(4)在充电过程中,如果 100 ms 内非车载充电设备没有收到电池管理系统周期发送的充电级别需求报文,非车载充电设备立即关闭输出。

（5）充电过程中，如果低压辅助电源端子断开，应有断路接触器切断直流充电回路。

6.4 随车充电枪充电原理

6.4.1 随车充电枪

家用小功率墙壁供电的充电枪是厂家随车配送的小功率充电枪，如图 6-10 所示，左侧为小功率充电机（本质是一个小功率的交流供电桩），通过三孔插头从墙壁取电，右侧为充电枪，充电枪与图 6-11 所示大功率交流桩充电枪输出端面相同以适应车上的同一个交流充电口。

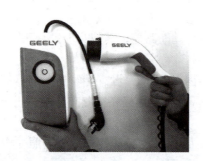

图 6-10　家用小功率墙壁充电机与充电枪

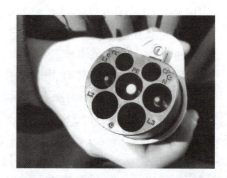

图 6-11　家用大功率交流桩充电枪

交流充电安全桩布置在学校、停车场、商业圈广场等，由于露天布置无人管理，必须保证供电安全。保证供电安全的方法是在充电线插到交流充电安全供电桩后，交流充电安全供电桩内部的继电器闭合工作，才会向外输出交流电，即不插充电枪时，交流安全桩对外的接口是没有电输出的。

在交流充电枪的平侧孔为充电用的机械锁孔，在充电时车辆侧的充电座内一个减速电机伸出一根金属杆插入此孔阻止了在充电过程中人为拔下充电枪，解锁依靠驾驶员手中的钥匙上的车辆车门开锁键开锁，同时减速电机缩回解除充电枪的锁止。

6.4.2 充电原理

图 6-12 所示为不带功能盒的随车充电枪原理图。这种不带功能盒的随车充电枪，没有自动断电功能。检测点 3 用于车辆控制装置检测车辆外部是否插入了充电枪。

图 6-13 所示为带功能盒的随车充电枪原理图。这种带有功能盒的随车充电枪，CP 有自动断电功能。

（1）检测点 1 用于给功能盒内部的供电控制装置提供反馈信号，S_1 为电子开关，是 CP 的电流流出端。

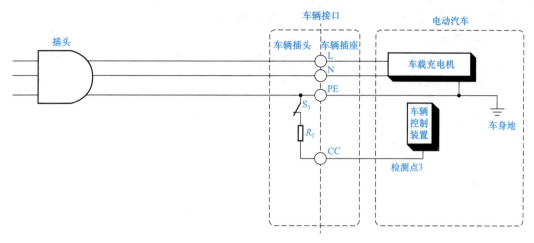

图 6-12 不带功能盒的随车充电枪原理图

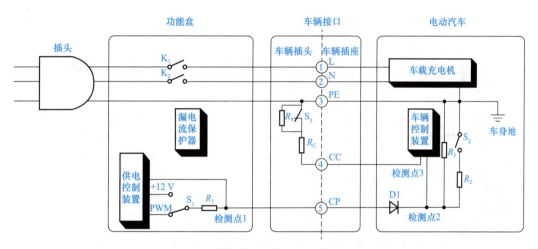

图 6-13 带功能盒的随车充电枪原理图

（2）检测点 2 用于给车辆控制装置提供反馈信号，S_2 为电子开关。正常充电时 S_3 电子开关闭合，电池管理系统发现充电异常时将 S_3 电子开关断开，检测点 1 信号发生变化，控制供电装置。

（3）检测点 3 用于车辆控制装置检测车辆外部是否插入了充电枪。

车辆控制装置从 CC 输出 12 V 电压，当充电枪插入后，充电枪内部有按压开关 S_3，R_4 电阻可以检测线路是否有通断。

6.5 交流充电桩原理

6.5.1 交流充电桩直接带枪的充电桩基本原理

图 6-14 所示为交流充电桩直接带枪的充电桩基本原理。这种供电设备上自带随车

充电枪，不用车主自带双头充电枪，CP 有自动断电控制功能。

1．检测点 1

检测点 1 用于给功能盒内部的供电控制装置提供反馈信号，S_1 为功能盒内的电子开关，是 CP 的电流流出端。

2．检测点 2

检测点 2 用于给车辆控制装置提供反馈信号，S_2 为电子开关。正常充电时 S_3 电子开关闭合，电池管理系统发现充电异常时将 S_3 电子开关断开，检测点 1 信号发生变化，控制供电装置。

3．检测点 3

检测点 3 用于车辆控制装置检测车辆外部是否插入了充电枪。

车辆控制装置从 CC 输出 12 V 电压，当充电枪插入后，充电枪内部有按压开关 S_3，R_4 电阻可以检测线路是否有通断。

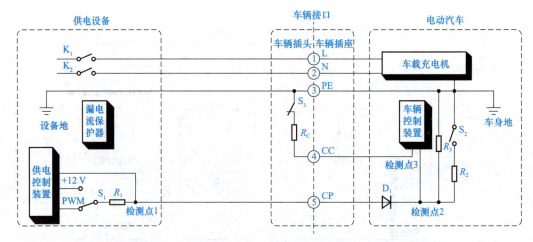

图 6-14　交流充电桩直接带枪的充电桩基本原理（不需要车主带双头枪）

6.5.2　交流充电桩不带枪的充电桩基本原理

图 6-15 所示为交流充电桩不带枪的充电桩基本原理。这种供电设备上不带随车充电枪，需要车主自带双头枪，CP 有自动断电控制功能。

1．检测点 1

检测点 1 用于给供电控制装置提供反馈信号，S_1 为电子开关，是 CP 的电流流出端。

2．检测点 2

检测点 2 用于给车辆控制装置提供反馈信号，S_2 为电子开关。正常充电时 S_3 电子开关闭合，电池管理系统发现充电异常时将 S_3 电子开关断开，检测点 1 信号发生变化，控制供电装置。

3．检测点 3

检测点 3 用于车辆控制装置 CC 端识别插座是否被插上了充电枪，R_C 的大小决定了当前充电连接装置电缆的额定容量。车辆控制装置从 CC 输出 12 V 电压,当充电枪插入后,充电枪内部有按压开关 S_3,S_3 开关为常闭型,按下充电枪按钮后,S_3 开关断开,充电枪插牢固定后,释放此开关,再检测 CC 线路是否有通断,从而确定充电枪连接正常。

4. 检测点 4

检测点 4 用于供电设备 CC 检测车辆外部是否插入了充电枪。

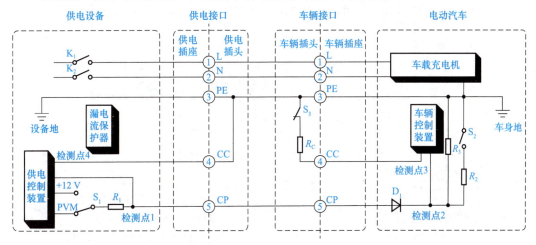

图 6-15　交流充电桩不带枪的充电桩基本原理(需要车主带双头枪)

直流充电机并不属于车载装置,故其分类和原理略。

6.6　典型工作任务:充电机数据分析

吉利 EV300 电动汽车充电界面显示需进入充电辅助控制模块(ACM)(图 6-16)读取,充电辅助控制模块是吉利汽车为实施充电端口的输入和输出控制增加的一个模块。

6.6.1　充电数据界面

充电辅助控制模块(ACM)数据界面如图 6-16 所示。

6.6.2　充电数据分析

图 6-16 所示的充电辅助控制模块(ACM)数据分析见表 6-5。

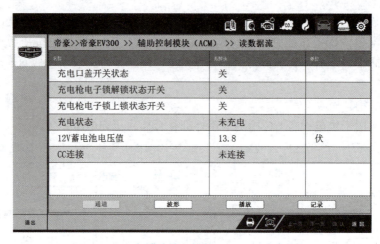

图 6-16 充电辅助控制模块（ACM）数据界面

表 6-5 充电辅助控制模块（ACM）数据分析

名称	当前值	单位	数据分析
充电口盖开关状态	关		打开充电口盖时显示为"开"
充电枪电子锁解锁状态开关	关		充电枪电子锁解锁检测开关状态反馈
充电枪电子锁上锁状态开关	关		充电枪电子锁上锁检测开关状态反馈
充电状态	未充电		充电时显示充电状态
12 V 蓄电池电压值	13.8	V	充电辅助控制模块（ACM）充电机供电电压
CC 连接	未连接		充电枪插入时显示为"连接"，拔出时显示为"未连接"

第 7 章
直流 / 直流转换器

能画出纯电动汽车 DC/DC 转换器的原理图；
能说出吉利 EV300 纯电动汽车 DC/DC 转换器的位置。

能根据 DC/DC 转换器的原理图诊断 DC/DC 不输出充电电压故障；
能排除吉利 EV300 纯电动汽车 DC/DC 转换器不输出充电电压故障。

7.1 DC/DC 转换器简介

7.1.1 DC/DC 转换器定义

DC（Direct Current，DC）/DC 转换器是直流 / 直流转换器的缩写，是将一个固定的直流电压变换为可变的直流电压的电子装置。电动汽车中 DC/DC 转换器分为降压转换器和升压转换器两类。

1. 降压转换器

降压 DC/DC 转换器的作用是将高压锂离子电池（或镍氢电池）的电压降为 12 V 或 24 V 的电压等级，为 12 V 或 24 V 电系负载供电。

例如：直流 / 直流转换器保证高压锂离子电池（或镍氢电池）电压在 280～400 V 变化区间内输出稳定的 14 V 或 28 V 电压，分别为 12 V 或 24 V 电系负载（也包括 12 V 或 24 V 等级的铅酸蓄电池）供电（或充电）。

另外，当高压锂离子电池（或镍氢电池）完全放电之后，汽车已经不能行驶时，DC/DC 转换器仍能从高压锂离子电池（或镍氢电池）中吸取能量向电动汽车内输出稳定的 14 V 或 28 V 电压。

部分电动汽车的降压 DC/DC 转换器具有双向转换功能，包括：可将高压锂离子电池（或镍氢电池）的电压降为车上铅酸蓄电池的充电电压；反过来，也可将铅酸蓄电池的电压升为高压锂离子电池（或镍氢电池）的充电电压，为高压锂离子电池（或镍氢电池）充电。

2. 升压转换器

（1）对动力电池电压进行升压：采用 DC/DC 转换器将蓄电池高压升为更高的直流电压来驱动电机，可提高系统的工作效率。

（2）对 12V 铅酸蓄电池进行升压：在高压蓄电池容量不能驱动汽车时，为了让汽车能开离路面，防止阻塞交通，而采用 DC/DC 转换器将 12V/24V 铅酸蓄电池电压升为高压锂离子蓄电池（或镍氢蓄电池）的电压来驱动电机。

燃油车和电动汽车的辅助子系统的主要区别：燃油车的辅助蓄电池由与发动机相连的交流发电机来充电，而电动汽车的辅助蓄电池则由主电源通过 DC/DC 转换器来充电。电动汽车或混合动力汽车中用来推动电动机转动的能量来自动力蓄电池，动力蓄电池通常为 80～110 单体电池串联，电压较高，所以也叫作高压电源。

7.1.2 DC/DC 转换器分类

1. 升压型和降压型

升压型 DC/DC 转换器主要用在高压电池数目少、高压数值低的情况下，是为了提高电机效率。降压型 DC/DC 转换器主要用在高压电池和铅酸蓄电池之间。

2. 全桥型和半桥型

全桥型和半桥型，详见 7.3 节。

3. 非绝缘型和绝缘型

非绝缘型是电路两侧通过电子元件相连通，绝缘型是电路两侧采用变压器隔离，采用磁能交换。绝缘型 DC/DC 转换器的换能部件是变压器。变压器由一次侧（输入侧、动力蓄电池侧）和二次侧（输出侧、铅酸蓄电池侧）两种线圈构成。线圈匝数比与电压比成比例。利用变压器改变电压时，变压器需通过交流电压。动力蓄电池是直流电压，DC/DC 转换器通过控制芯片控制功率半导体导通、截止，将动力蓄电池的直流电压转换成交流电压。利用变压器转换交流电压，再利用功率半导体将交流电压转换成 14 V 的直流电压。利用功率半导体转换交流和直流时，负载电容器是为了抑制电压波形的噪声，平滑输出电压。这两种 DC/DC 转换器的工作效率都很高，一般为 85%～95%，并且适于商用。非绝缘型结构简单、成本低，而绝缘型则能将主电源的高等级电压与辅助蓄电池的低等级电压隔离开来，更加安全可靠。

4. 单向 DC/DC 和双向 DC/DC

单向 DC/DC 转换器只能向一个方向实现电压转换，双向 DC/DC 转换器能互相实现电压转换。单向 DC/DC 转换器多用于将燃料电池的电压升为与其并联的蓄电池电压。双向 DC/DC 转换器多用于将动力蓄电池的电压升为电机工作电压，或反之；也可以将动力电池的电压降为 12 V 铅酸蓄电池的电压，或反之。

7.2　电动汽车用电负荷

电动汽车出现后，汽车由原来的发动机、底盘和电气三大系统，增加到发动机、底盘、电气和电力驱动四大系统。其中，电力驱动系统包括驱动电机变频控制、电动压缩机变频控制、空调 PTC 加热控制、DC/DC 转换控制等。

在电动汽车中，发动机和底盘控制部分采用 12 V 或 24 V 电系供电，但用电负荷较小。而汽车的基本电气系统和辅加电气系统用电负荷较大。

7.2.1　保留铅酸蓄电池的必要性

电动汽车以动力蓄电池为电源，能够利用 DC/DC 转换器为铅酸蓄电池充电。汽车装备 DC/DC 转换器后，可省去原车交流发电机，理论上也能省去 12 V/24 V 铅酸蓄电池，但实际上还是保留了铅酸蓄电池，这样做有两大原因。

1. 能够降低整个车辆的成本

铅酸蓄电池能在短时间内向空调、雨刷及车灯等释放大电流。如果省去铅酸蓄电池，通过 DC/DC 转换器将动力蓄电池的电力用于空调及雨刷会导致 DC/DC 转换器的尺寸增大，从而使整体成本增加。另外，铅酸蓄电池便宜。因此，目前将铅酸蓄电池置换成动力蓄电池（锂离子蓄电池等）还没有成本上的优势。

2. 确保电源的冗余

铅酸蓄电池还有确保向低压供电的冗余作用。DC/DC 转换器出现故障停止供电时，如果没有铅酸蓄电池，低压电就会立即停止运行，夜间车灯不亮，雨天雨刷停止运行等，就会影响驾驶。如果有铅酸蓄电池，便能够将汽车就近开到家里或者修理厂。

7.2.2　电气系统 12 V/24 V 负荷

在电动汽车上，为了区别 12 V 电压，技术人员通常将高于 60 V 的不安全电压称为高压。汽油车通常电气采用 12 V 供电，需要 DC/DC 转换器降压输出传统燃油汽车发电机发电时的 14 V，对于 24 V 电气系统的柴油车要降压为 28 V。

DC/DC 转换器的优化容量。常见轿车 12 V 用电器的功率见表 7-1，优化容量表示电池的充电和放电过程能够相互平衡，而且辅助蓄电池一直保持满充状态。例如，如果将 DC/DC 转换器选择成大的功率，则充电过程就比放电过程占优势，就会导致 DC/DC 转换器尺寸过大或者出现辅助蓄电池过充的问题；如果选择小一点的功率，则电池的放电过程就比充电过程占优势，这将会导致辅助蓄电池在紧急情况下使用时失去满充状态。

DC/DC 转换器的优化容量计算，要对表 7-1 的用电器功率取权重，权重标准是根据是间歇性负载还是非间歇性负载。通常经过优化，汽车电气用电功率的能耗大约为 1 kW，所以选 DC/DC 转换器的功率至少为 1 kW。若动力转向不采用 12 V 供电，则 DC/DC 转换器的功率可以减小，但实际中为保险起见通常 DC/DC 转换器的功率至少为 1.5 kW。

表 7-1　汽车 12V 用电器的功率

汽车的 12 V 大功率电器名称	工作状态	功耗约 /W
混合动力汽车采用发动机水取暖，辅以 12 V 暖风 PTC 加热器功耗	连续	250
变频器内部逆变桥自身功耗	连续	150
电池能量管理系统鼓风机电机	连续	150
车头灯和车尾灯总成	连续	120
喇叭	断续	10
雨刷器电机	连续	40
电动真空泵电机	断续	120
空调鼓风机电机	连续	240
仪表指示灯及步进电机仪表	连续	30
停车灯、转向灯及车内灯	断续	50
电动转向助力系统助力电机	连续	400
收音机主机及扬声器	连续	20
四个车门的电动窗升降	断续	80
高压配电箱高压继电器线圈	连续	20
ABS 回流泵电机	断续	180
冷却电机风扇电机	连续	300
合计	—	2 160

一般电动汽车只有一个直流 / 直流转换器，把高压直流电降压为 14 V 或 28 V 直流。对于高档电动汽车可以有两个 12 V DC/DC 转换器。

7.2.3　高压用电功率

高压蓄电池除了驱动汽车的电机以外，对于大功率的设备通常采用高压供电。从表 7-1 中可以看出，空调器是电动汽车中功耗最大的辅助子系统，它的功耗大约占所有辅助子系统功耗的 60%～75%。另外，为了避免辅助蓄电池的能量在短时间内耗尽，大功率的 12 V 用电器如空调器、动力转向助力电机、液压制动回油泵电机、气动制动器、风窗化霜器等，应当只有在接触器闭合时才能工作，这样可以直接从主电源中获取所需的动力。

7.3 DC/DC 转换器工作原理

7.3.1 基本 DC/DC 转换器

实现降压的 DC/DC 转换器的主电路结构有很多，其中 Buck 型 DC/DC 转换器以其结构简单、变换效率高的特点成为首选（注：Buck 型译为降压型）。

DC/DC 转换器一般由控制芯片、电感线圈、二极管、三极管和电容器构成。基本 Buck 型 DC/DC 电路的原理如图 7-1 所示，U_{in} 是输入电压，

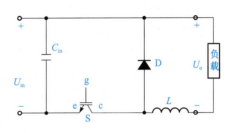

图 7-1 基本 Buck 型 DC/DC 电路拓扑

U_o 是输出电压，C_{in} 是输入电容，S 是主功率开关管，D 是主功率二极管，L 是储能电感。

基本 Buck 型 DC/DC 电路电压 L 的储能工作过程（图 7-2）：当开关管 S（Switch）导通时，电流经负载、电感 L，流过电子开关 S，电流增加，电能以磁能形式存储在电感线圈 L 中，同时给负载供电。在这个过程中电容 C_{in}、负载、L、S 构成回路。

基本 Buck 型 DC/DC 电路电压 L 的能量释放过程（图 7-3）：当开关管 S 由导通转为截止时，存储在电感中的能量释放出来，通过二极管 D 续流维持向负载供电。此时，电感 L、续流二极管 D 和负载构成回路，若周期性地控制开关管 S 的导通与关闭，即可实现能量由 U_{in} 向 U_o 的降压传递。电路的输出电压 $U_o=\delta U_{in}$，δ 为开关管 S 的导通占空比。为达到上述降压传递，开关管 S 与二极管 D 必须轮流导通与关断，二者之间频繁地进行换流。

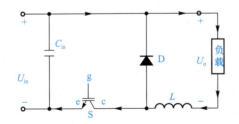 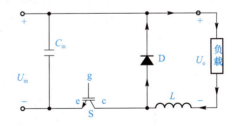

图 7-2 基本 Buck 型 DC/DC 的电感储能过程　　图 7-3 基本 Buck 型 DC/DC 二极管 D 续流过程

在 FCEV 上，燃料电池只是由燃料产生电能，而不能存储电能，因此，采用了单向 DC/DC 转换器。FCEV 采用的电源有各自的特性，燃料电池只提供直流电，电压随输出电流的变化而变化。燃料电池不可接受外电源的充电，电流的方向只是单向流动。FCEV 采用的辅助电源（蓄电池和超级电容器）在充电和放电时，也是以直流电的形式流动，但电流的方向是可逆的。

FCEV 上的各种电源的电压和电流受工况变化的影响呈不稳定状态。为了满足驱动

电机对电压和电流的要求及对多电源电力系统的控制,在电源与驱动电机之间,用计算机实现对 FCEV 的多电源综合控制,保证 FCEV 的正常运行。FCEV 的燃料电池需要装置单向 DC/DC 转换器,蓄电池和超级电容器需要装置双向 DC/DC 转换器。

7.3.2 全桥 DC/DC 转换器

燃料电池发动机输出的电压一般为 240～450 V,燃料电池的输出电压随着燃料电池输出电流的增大而减小。另外,由于燃料电池不能充电,因此,配置单向全桥 DC/DC 转换器,将燃料电池的波动电流转换为稳定、可控的直流电源。

全桥 DC/DC 转换器输入端采用 4 个带有续流二极管的开关管 T_1、T_2、T_3、T_4 共同组成大功率的直流变交流的单相 H 型桥逆变器,中部为高频变压器 T_r,输出端用 4 个整流二极管共同组成整流器。在变压器 T_r 初线圈电路中串联一个电容 C_2,可以防止变压器的磁偏心。整流输出电路中加入由电感 L_f 和电容 C_f 组成的滤波器,将直流方波电压中的高频分量滤除,得到一个平直的直流电压(图 7-4)。

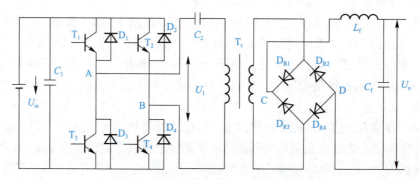

图 7-4 绝缘型全桥 DC/DC 转换器的原理

正半波逆变和整流:开关 T_1 先导通(图 7-5),在延迟一定的 α 电位角后再导通开关 T_4,而 T_2 和 T_3 被截止。T_1 和 T_4 轮流导通 180° 电位角。此时,电流经电容 C_2 流入,从 T_r 的初级线圈上端向下流入,在 T_r 的次级线圈电流向上经 D_{R1}、L_f,输出电压 U_o 经 D_{R4} 回流到 T_r 的次级线圈。

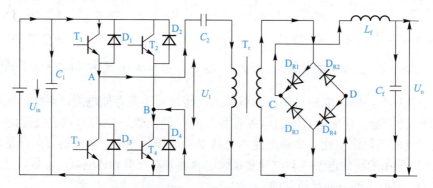

图 7-5 绝缘型全桥 DC/DC 转换器 T_1 和 T_4 导通控制

负半波逆变和整流：当开关 T_2 先导通时（图 7-6），在延迟一定的 α 电位角后再导通开关 T_3，而 T_1 和 T_4 被截止。T_2 和 T_3 轮流导通 180°电位角。此时，电流从 T_r 的初级线圈下端向下流入，经电容 C_2 流出，在 T_r 的次级线圈电流向上经 D_{R3}、L_f，输出电压 U_o 经 D_{R2} 回流到 T_r 的次级线圈。

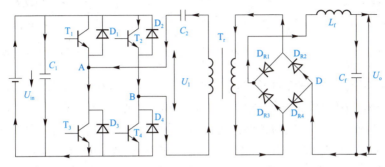

图 7-6　绝缘型全桥 DC/DC 转换器 T_2 和 T_3 导通控制

只要改变开关管的导通时间，就可以调节输出电压 U_o 的值。选择智能控制的大功率全桥 DC/DC 转换器，可以有良好的自我保护能力和使用寿命。

DC/DC 转换器的外特性如图 7-7 所示，单向 DC/DC 转换器的控制框图如图 7-8 所示。根据 FCEV 的动力性能设计要求，确定 DC/DC 转换器输出电压的给定值。当燃料电池的电流逐渐增大时，电压基本保持平稳，通过对输出电压的闭环控制，实现 DC/DC 转换器的恒压输出（图 7-7 中的 A—B 段）。当燃料电池电流继续增大、电压快速下降时，通过对输出功率控制，实现 DC/DC 转换器的恒功率输出（图 7-7 中的 B—C 段）。由于燃料电池的电压达到下限值要受到所反应的温度、压力和环境等的影响，图 7-7 中的 B—C 段的功率不能事先给定，而是用此时通过燃料电池的输出电压和电流来测定，并实时对 DC/DC 的输出功率进行调节，这是保证燃料电池不会发生过放电的关键措施。当 DC/DC 转换器达到最大输出电流时，电压迅速下降（图 7-7 中 C—D 段）为恒电流段，其电流值决定 DC/DC 转换器的最大输出电流。

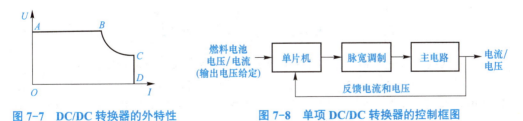

图 7-7　DC/DC 转换器的外特性　　　图 7-8　单项 DC/DC 转换器的控制框图

控制芯片控制功率半导体导通、截止的调制方式有 PFM（脉冲频率调制）和 PWM（脉冲宽度调制）两种方式。PFM 调制时开关脉冲宽度一定，通过改变脉冲输出的时间，使输出电压达到稳定。PWM 调制时开关脉冲的频率一定，通过改变脉冲输出宽度，使输出电压达到稳定。通常情况下，采用 PFM 和 PWM 这两种不同调制方式的 DC/DC 转换器的性能不同点见表 7-2。

表 7-2　两种不同调制方式转换器的性能不同点

项目	PFM	PWM
电路规模（IC 内部）	简单	复杂
消耗电流	较少	较多
纹波电压	较大	较小
瞬态响应	较差（反应较慢）	较好（反应较快）

在 PWM 调制方式下选用较低频率、小负载时，效率较高，输出电压的纹波较大；选用较高频率、小负载时，效率很低，输出电压的纹波较小。因此，在小负载或待机时间较长的情况下，选用低的频率，转换电路的效率较高，但若考虑输出电压的纹波问题，选用高的频率，纹波电压会较小。DC/DC 转换器通过开关动作进行升压或降压，特别是晶体管或场效应管处于快速开关时，会产生尖峰噪声及电磁干扰。

7.3.3　双向 DC/DC 转换器

在以蓄电池和超级电容器组成的混合电源上，一般蓄电池以稳态充、放电的形式工作，而超级电容器在电动车辆启动时，能够以大电流的放电形式工作，在接受外电源或制动反馈的电能时又能以大电流的充电形式工作。蓄电池和超级电容器的电流为双向流动，因此，在蓄电池和超级电容器与电力总线之间设计双向升降压（Buck-Boost）型 DC/DC 转换器，双向控制和调配所输入和输出的电流。双向升降压型 DC/DC 转换器电路如图 7-9 所示，其中：电池端（U_{bus}）与输出的变频器相连。

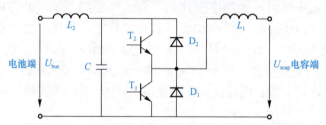

图 7-9　非绝缘型双向升降压型 DC/DC 转换器电路

变频器（或车载充电机）给电池和电容的充电过程：双向 DC/DC 转换器处于充电工况时，导通开关 T_1 彻底切断，开关 T_2 处于导通和断开的控制中，来自变频器的制动反馈的电流或来自车载充电机的充电电流，经由动力总线先向蓄电池充电，再向超级电容器中充电。在通过电感 L_1 时，部分电流暂时存留在电感 L_1 中，当导通开关 T_2 断开后，电感 L_1 中存留的电流通过整流二极管 D_2 转存在电容器 C 中。双向 DC/DC 转换器在对超级电容器充电时处于降压（Buck）状态。在超级电容器电路上装置电感 L_1 还可以减小进入超级电容器线路的电流脉冲。

电池和电容给变频器供电过程（图 7-10）：双向 DC/DC 转换器处于放电工况时，开关 T_2 彻底切断，导通开关 T_1 处于导通和断开的控制中。蓄电池电压高，先行向左放

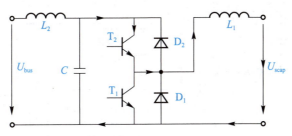

图 7-10　电池（U_{bus}）和电容（U_{scap}）给变频器供电过程

电。超级电容器放电要经过电感 L_1 先储能、后能量释放两个过程。储能过程（图 7-11）：开关 T_1 导通，L_1 电感有电流流过实现电感储能。电感的能量释放过程（图 7-12）：T_1 断开的瞬间，L_1 自感电动势提高电压后经二极管 D_2，经电感 L_2 给变频器供电。电流方向是由超级电容器向动力总线方向流动，DC/DC 转换器对外放电处于升压（Boost）状态。在总线电路上装置电感 L_2 可以减小进入总线的电流脉冲。

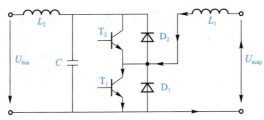

图 7-11　电容放电前的电感 L_1 储能电流流向

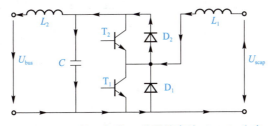

图 7-12　T_1 断开电感 L_1 升压给电池（U_{bus}）充电

7.4　典型 DC/DC 转换器举例

7.4.1　DC/DC 转换器控制功能

如图 7-13 所示，DC/DC 转换器将电动汽车蓄电池的公称电压直流降至大约 12 V（实际是 14 V），从而为电气零部件供电，并为 12 V 蓄电池再充电。

部分电动汽车为调节 DC/DC 转换器的输出电压，其动力管理控制 EV-ECU 会根据 12 V 蓄电池温度传感器信号将输出电压请求信号传输至 DC/DC 转换器。DC/DC 转换器通过 CAN 或串行通信实现自诊断信息外传和控制信息下载。

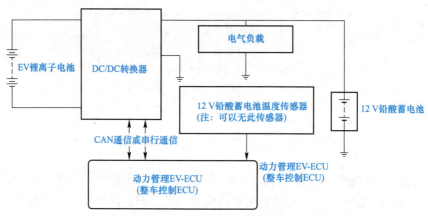

图 7-13 典型 DC/DC 转换器控制

7.4.2 降压型 12 V 转换器

典型的降压 DC/DC 转换器系统如图 7-14 所示。车辆的辅助设备，如车灯、音响系统、空调系统（除空调压缩机）和 ECU，它们由 DC 12 V 的供电系统供电。由于纯电动汽车动力电池电压标称等级一般为 300～650 V，比较常见的有 330 V、400 V 和 650 V。因此，需要降压转换器将这个电压降低到 DC 14 V 来为 12 V 蓄电池充电。这个转换器安装于变频器的下部。

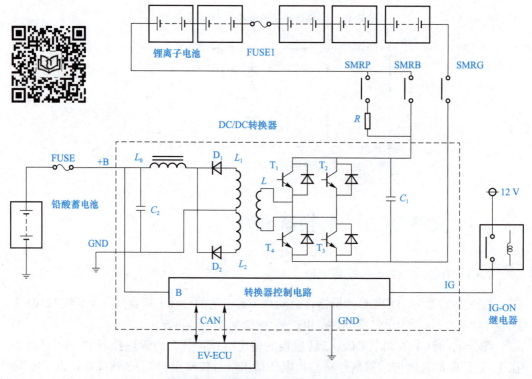

图 7-14 降压 DC/DC 转换器系统图

其工作原理如下：

（1）DC/DC 上电过程：在点火开关（或一键式供电开关）打到"READY"挡时，系统主继电器 SMRG 和 SMRP（预充继电器）先工作，完成 C_1 电容的预充过程。当电容 C_1 电压接近锂离子电池电压时，SMRB 继电器工作，同时 SMRP 继电器退出工作。

（2）直流交流转换：DC/DC 转换器的控制电路控制晶体管 T_1、T_3 工作，此时通过 L 的电流由上到下。再控制 T_2、T_4 工作，此时通过 L 的电流由下到上。从而将直流变换成交流。

（3）降压过程：由于通过电感 L 的为交流，在两个次级电感线圈 L_1 和 L_2 里就应为交流电，由于线圈匝数较少，所以电压输出较低。

（4）整流过程：D_1 和 D_2 实现两个线圈的半波整流。

（5）滤波过程：电感 L_0 和电容 C_2 用于滤波，实现电流平滑给铅酸蓄电池充电，从 GND 构成回路。

（6）控制过程：DC/DC 转换器控制电路根据输出的电压反馈进行电压输出控制，以满足晶体管 T_1、T_3 和 T_2、T_4 的换流控制（图 7-15、图 7-16）。

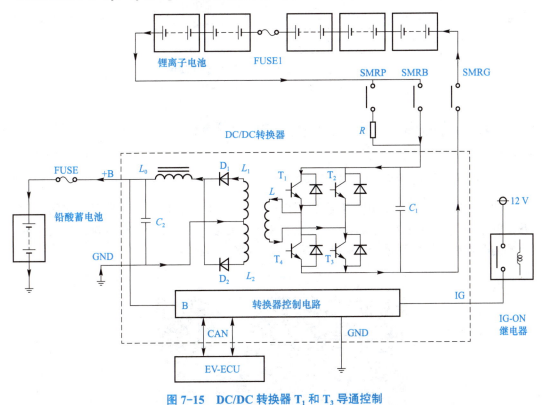

图 7-15 DC/DC 转换器 T_1 和 T_3 导通控制

（7）通信过程：DC/DC 转换器控制电路通过 CAN 与 EV-ECU 通信实现 DC/DC 转换器自诊断的输出，同时针对用电负荷增加，可先于电压反馈进行控制。

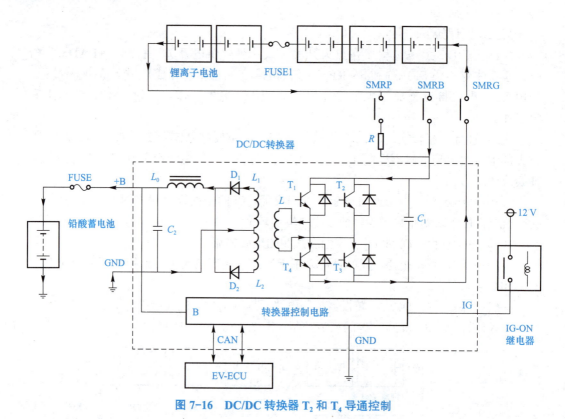

图 7-16 DC/DC 转换器 T_2 和 T_4 导通控制

7.5 典型 DC/DC 转换器诊断与维修

7.5.1 2017 年款吉利 EV300 电动汽车 DC/DC 转换器

图 7-17 所示为吉利 2017 年款 EV300 电动汽车 DC/DC 转换器（配置在变频器散热器的下侧），印制电路板是 DC/DC 转换器的控制器，即 DC/DC 转换器的 ECU。右上侧的两根黑色塑料管是冷却液管，不要弄坏两管的密封圈。

图 7-17 2017 年款吉利 EV300 电动汽车 DC/DC 转换器

印制电路板左侧两条线为直流供电，电路板上部的两条线是变压器初级线圈，电路板下部的开关管通过这两条线来控制初级线圈的通断，在变压器的下部输出直流，直流电流大小和电压大小经电路板上测量后，从右下侧的两个端子输出（在变频器的外部（图7-18）左侧的两个接线柱输出）。

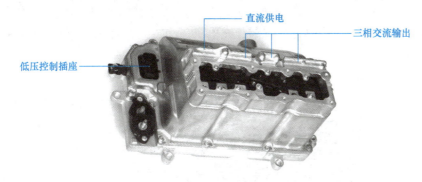

图7-18　2017年款吉利EV300电动汽车DC/DC转换器

［黑盒法诊断］黑盒法诊断是不管元件其内部工作原理，只知道其功能、输入和输出的关系，在确定输入正常、输出不正常时即判定盒子是坏的。因此，对修理人员的要求就转变成能正确地测量出输入和输出状态。

［采用拼修法］由于汽车的电子元件通常是专用的，若直接修理电路板，对修理人员要求太高，检查费用高、电子元件难买到、耗时长，换新的价格往往也高。因而实践中，车主可以更换旧的电子元件进行维修，然而维修也很困难。这时可采用拼修法。什么是拼修法呢？拼修是用两个变频器内的DC/DC转换器其中一个正常的，交换到不正常的上边去。如吉利2017款DC/DC转换器在变频器下壳体里，可以直接将正常DC/DC转换器下壳体直接换到正常的变频器下部。

如图7-19所示，在拼修时注意，DC/DC转换器从上部变频器取直流电时的正极、负极线很可能接反。

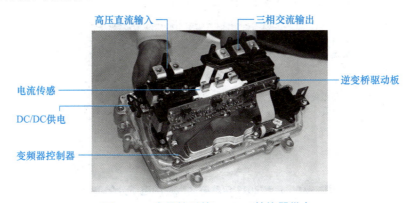

图7-19　容易接反的DC/DC转换器供电

如忘记给DC/DC直流供电线拍照，怀疑接反时，一定不要向下进行，否则

DC/DC 转换器在装车上电后会损坏。在未装车，不能确定是否装反时，可通过模拟指针万用表根据母线电容来判断两根线的正、负极是否接反。

7.5.2　2017 年款北汽 EV160 电动汽车 DC/DC 转换器

如图 7-20 所示，2017 年款北汽 EV160 电动汽车 DC/DC 转换器集成在名为"电子分配单元"的箱子里，箱内集成有车载充电机（OBC）、直流/直流（DC/DC）转换器和 PTC 加热器。

图 7-20　北汽 EV160 电动汽车 DC/DC 转换器（2017 年款）

相比吉利电动汽车，北汽 2017 年款电动汽车的电子分配单元的内部电子电路布置较乱，材料也不甚讲究，电路板上到处分布着防振动和防松的树脂，给分解带来了困难。

北汽 2017 年款电动汽车的电子分配单元（图 7-21）将 DC/DC 转换器、车载充电机和 PTC 加热控制器集中放在一起，行业上也称为多合一，如三合一、四合一，甚至五合一。多合一的目的只有一个，就是能共用散热器。这种共用散热器的正面效果是散热控制容易，高压电缆用量变少，水循环路径短，对水泵要求低。多合一的缺点是在未采用集成模块化的结构下，内部结构混乱，容易损坏，一旦损坏，外边很难维修，到厂家维修耗时太多，运输成本和维修成本较高。

图 7-21　北汽 2017 年款电动汽车的电子分配单元

图 7-22 所示为北汽 2017 年款 EV160 电动汽车 DC/DC 转换器的外部输出接线柱，左侧接地、右侧橙色为 12 V 输出。

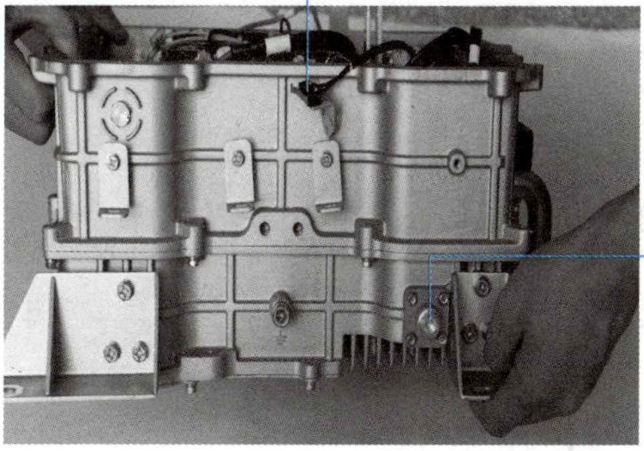

图 7-22 北汽 EV160 电动汽车 DC/DC 转换器输出接线柱（2017 年款）

7.5.3　2015 年款奔腾 B50EV 电动汽车 DC/DC 转换器

图 7-23 所示为一汽奔腾 B50EV 电动汽车单向直流电压转换器，支持将动力电池电压降为 14 V 蓄电压。它位于变频器和电机之间，借用变频器内部的下底侧的散热器进行散热，与变频器共用散热器。

图 7-24 所示为一汽奔腾 B50EV 单向直流电压转换器的内部元件。

图 7-23　变频器下部的 DC/DC 转换器

图 7-24　一汽奔腾 B50EV 单向直流 DC/DC 转换器的内部元件

其 DC/DC 转换器内部右下侧装有空调 PTC 加热的继电器，DC/DC 转换器外接 CAN 通信，除 DC/DC 的通信外，还有控制空调 PTC 加热的继电器的功能。

7.6　直流转换器保险故障实例

7.6.1　故障现象

全车电弱，用电器打不开，车辆也无法行驶。经检查铅酸蓄电池电压低，换上新蓄电池后，一天不到故障就再次出现。检查蓄电池电压只有 4.31 V，电压极低。

7.6.2 故障原因

出现上述情况时，一般燃油汽车有三种可能：一是发电机未发电；二是有漏电的用电器；三是蓄电池损坏存不住电。纯电动汽车没有燃油汽车的 12 V 直流发电机，12 V 铅酸蓄电池的充电是通过 DC/DC 转换器来完成的。按相同的分析方法，其原因一是 DC/DC 转换器或相应电路损坏；二是有漏电的用电器；三是蓄电池损坏存不住电。

7.6.3 故障诊断

无论上述哪种情况，检查的前提都是需要用一块满电的蓄电池来更换车上 4.3 V 蓄电池。先行启动车辆，若手头没有满电的蓄电池，只好采用外接充电机，接好充电机后，启动点火开关打到"READY"挡，拆掉充电机与蓄电池的电缆，听见"咔嗒"一声。用万用表测量蓄电池的端电压仍为 4.3 V，意识到刚才听见"咔嗒"一声是高压主供电继电器断开了。因此，用充电机启动车辆，用车上的 DC/DC 转换器给蓄电池充电的思路没有成功。

断开蓄电池电缆，用充电机给蓄电池充电，因为是刚换上去用了一天的新蓄电池，是能充电恢复的。充电 4 h 左右，测量蓄电池电压在 12.3 V，电压虽然不足，但足以启动。拆下蓄电池上的充电机，重新启动成功，再次测量蓄电池电压仍为 12.3 V，没有 14 V 的充电电压，怀疑是 DC/DC 转换器没给蓄电池充电造成的馈电。测量了 DC/DC 转换器的供电保险正常，重新确认一下 DC/DC 转换器不发电，可以考虑更换一个新 DC/DC 转换器。从保险丝盒的供电保险测量（第一次是从蓄电池极桩测的 DC/DC 转换器是否发电），即从图 7-25 所示保险丝盒断开保险的右侧对地测量发现有 14 V 左右的电压（断开保险的左侧红线接蓄电池正极，右侧接 DC/DC 转换器输出），这证明 DC/DC 转换器正常输出充电电压。不充电说明一定有断开的部位，在充电电缆和蓄电池两者之间只有一个保险丝，一定是这个保险丝断开了，透过保险丝的观察口发现保险丝确实断开了。

图 7-25　事后补测白色保险丝右侧螺栓对地无电压

故障部位找到，更换损坏的保险丝。如图 7-26 所示，先行拆下白壳保险丝两端电缆。将白色壳体保险通过螺栓固定在保险丝盒中，如图 7-27 所示，由于空间狭窄，在一人辅助下，拆下两个螺栓用了 5 min 时间。在废旧的线束上找到相同位置的这个保险丝，如图 7-28 所示，不过保险丝的颜色为蓝色（并不是白色），两者形状和容量相同，从废旧线束上拆下这个保险丝又用时 5 min，更换完成后，故障排除。

图 7-26　拆下白壳保险丝两端电缆

图 7-27　拆下的 DC/DC 保险丝

图 7-28　更换后的蓝色保险丝

7.6.4　诊断思路回顾

事后分析为什么其他小容量保险丝一个没断，偏偏这个大容量的保险丝断开呢？

经分析，这种情况是在 DC/DC 转换器给蓄电池充电工作过程中正极桩电缆或正极桩人为接地导致短路而造成的。

7.7　DC/DC 转换器损坏故障实例

7.7.1　故障现象

一汽奔腾 B50 纯电动汽车于 2019 年 4 月来报修，故障为蓄电池总无电。修理厂刚更换新蓄电池不久，蓄电池即无电。

7.7.2　故障原因

经检查确实蓄电池电压低，分析导致蓄电池无电的原因有以下几种情况：

（1）高压电没加到 DC/DC 转换器上；

（2）DC/DC 转换器（图 7-29）未进行 14 V 充电电压转换；

（3）蓄电池向外部漏电严重。

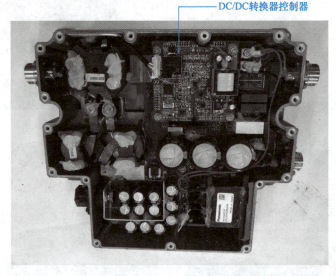

图 7-29 DC/DC 转换器内部的空调 PTC 供电继电器（右下侧）

7.7.3 故障诊断与排除

（1）更换一块有电的蓄电池，打开点火开关，上电 READY 正常，说明 DC/DC 高压供电基本正常；

（2）测量蓄电池电压为 11.98 V（图 7-30），而不是 DC/DC 转换电压 14 V，初步判定 DC/DC 转换器损坏；

（3）检查 DC/DC 低压控制线供电和搭铁正常，判定 DC/DC 转换器损坏，解决办法是更换 DC/DC 转换器。

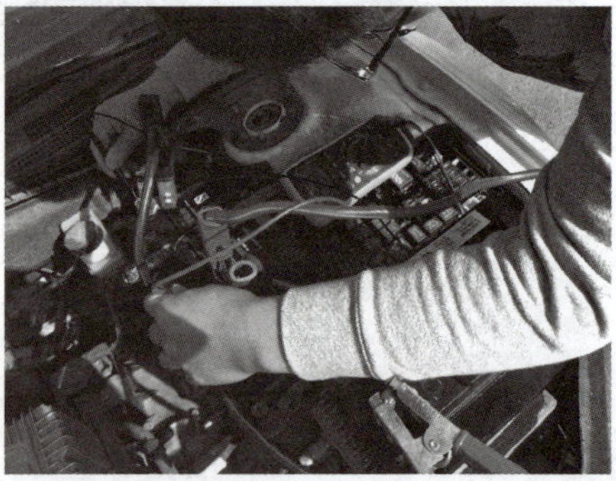

图 7-30 打开点火开关测量蓄电池电压

其过程为：由于没有举升机，无法从车底将检修塞拆下，所以，只能断开蓄电池负极，断开蓄电池负极主供电继电器就断开了。

理论上讲是不必拆下检修塞的，厂家要求拆下检修塞是防止主供电继电器黏结无法断开造成触电危险。

在操作过程中，为了安全，在断开蓄电池后，对变频器的直流进线进行了验电（图 7-31），电压

图 7-31 对变频器供电进行验电

为0 V，说明变频器的上电继电器断开，同时变频器内部的电容放电完毕，验电过程结束。

断开变频器控制线束、拆下变频器，断开直流供电。拆下变频器上盖（图7-32），断开电机的三相连接、电机解角传感器和温度传感器连接。断开冷却水管，断开DC/DC转换器前后的线束连接，拆下变频器（图7-33）。

图7-32　拆下变频器上盖

图7-33　拆下变频器后

更换新的DC/DC转换器，更换前注意在变频器散热器上涂好导热硅脂（图7-34），在变频器上装上新的DC/DC转换器（图7-35）。

接上水管、线束，安装全部的拆装部件后，接上蓄电池电缆，将点火开关打到"READY"挡，重新测量DC/DC转换器输出为13.87 V，说明DC/DC转换器给蓄电池充电，故障排除。

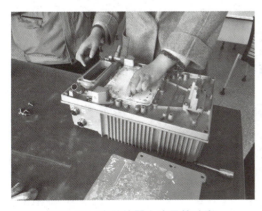

图7-34　在散热器上涂导热硅脂

图7-35　装上新的DC/DC转换器

7.8　典型工作任务1：吉利DC/DC转换器诊断

7.8.1　诊断数据界面

吉利DC/DC转换器在整车控制系统（VCU）中的数据如图7-36、图7-37所示。

吉利 DC/DC 转换器在电机控制器（PEU）中的数据如图 7-38、图 7-39 所示。

帝豪>>帝豪EV300 >> 整车控制系统（VCU）>> 读数据流

名称	当前值	单位
电机实际转速	0	转/分
电机系统故障状态	无误	
电机系统控制状态	不活跃的	
电机实际转矩	-0.5	牛顿米
电机故障码	0	
电机系统状态模式	正常	
电机控制器实际进水口温度	25	deg C
DCDC内部温度	40	deg C

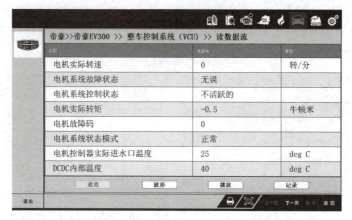

图 7-36　吉利 DC/DC 转换器在整车控制系统（VCU）中的数据 1

帝豪>>帝豪EV300 >> 整车控制系统（VCU）>> 读数据流

名称	当前值	单位
DCDC故障状态	无误	
DCDC控制状态	trp控制	
DCDC低压输出电流	11.54	安培
电机控制器过温降功率	不活跃的	
VCU紧急下电请求	正常	
VCU请求驻车指令	停	
VCU档位	关闭	
VCU对IPU状态模式请求	正常	

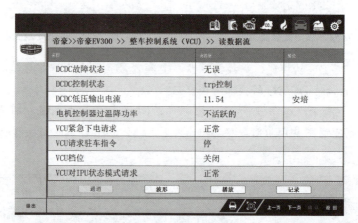

图 7-37　吉利 DC/DC 转换器在整车控制系统（VCU）中的数据 2

帝豪>>帝豪EV300 >> 电机控制器（PEU） >> 读数据流

名称	当前值	单位
输出端电流和电压超限或其AD原始数值超限	0	
各种辅助电源的检测	0	
输入输出端电流电压或温度超限引起的cDc shutd…	0	
低压端目标电压	18.0	伏
低压端实际电压	13.9	伏
低压端实际电流	11	安培

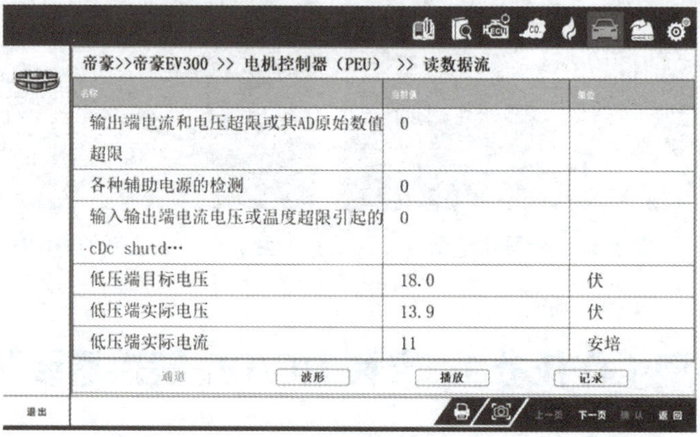

图 7-38　吉利 DC/DC 转换器在电机控制器（PEU）中的数据 1

注：数据在变频器中分析过

图 7-39 吉利 DC/DC 转换器在电机控制器（PEU）中的数据 2

注：数据在变频器中分析过

7.8.2　DC/DC 转换器的电压及电流测试

DC/DC 转换器的电压及电流测试方法参考 7.9 节内容。

7.9　典型工作任务 2：比亚迪 DC/DC 转换器诊断

7.9.1　诊断数据界面

比亚迪 DC/DC 转换器诊断数据界面如图 7-40 和图 7-41 所示。

图 7-40　1 号 DC/DC 转换器数据　　图 7-41　2 号 DC/DC 转换器数据

7.9.2　DC/DC 转换器的电压测试

DC/DC 转换器的电压测试是一个非常重要的测试。当一键供电开关打到"READY"

挡时，正常 DC/DC 转换器的电压应在 14 V±0.5 V。如果电压仍为蓄电池电压，说明 DC/DC 转换器未工作或自身有损坏故障，先排查低压供电和控制线，若低压供电和控制线正常则说明 DC/DC 转换器自身损坏。

7.9.3　DC/DC 转换器的电流测试

DC/DC 转换器的电流测试是检验 DC/DC 转换器性能好坏的测试。DC/DC 转换器的输出电压在 14 V±0.5 V 时，通过打开灯光、鼓风机等大电气负载测试 DC/DC 转换器的性能。

在没有本数据流的情况下，要通过万用表和电流钳进行 DC/DC 转换器输出电压和电流的测试。

第 8 章
电动汽车空调

能说出电动汽车制冷和制热方式的优点、缺点；
能说出电动客车热泵式空调的工作原理；
能说出 PTC 加热的控制过程；
能说出直接式热泵式空调工作原理；
能说出间接式热泵式空调工作原理；
能说出补气增焓式热泵式空调工作原理。

能排除电动汽车空调不制冷故障；
能排除电动汽车空调不制热故障。

小林遇到一辆纯电动汽车在打开空调后无法制冷，打开前舱盖，没有找到皮带带动的空调压缩机，小林感到一片迷茫，你知道要解决这个问题，要用到哪些知识吗？

8.1 空调工作原理

8.1.1 空调制冷/制热方式

空调的功能是对车内空气进行制冷、制热、除湿、通风、清洁及使清新度保持在让人感觉舒适的状态。在不同的气候环境条件下，电动汽车车厢内应保持如传统汽车的舒适状态，以提供舒适的驾驶和乘坐环境。

与普通空调装置相比，电动汽车空调装置及车内环境主要有以下特点：

（1）汽车空调系统安装在运动的车辆上，要承受剧烈而频繁的振动与冲击，要求电动汽车空调装置结构中的各个零部件都应具有足够的抗振动冲击和良好的系统气密性能；

（2）电动汽车大部分属于短距离代步工具，乘坐时间较短，加上电动汽车内乘员所占空间比大，产生的热量相对较多，相对热负荷大，要求空调具有快速制冷、制热和低速运行能力；

（3）电动汽车空调使用的是车上蓄电池提供的直流电源，因此，压缩机工作效率高，控制可靠性高，维护方便；

（4）汽车车身隔热层薄，而且门窗多，玻璃面积大，隔热性能差，电动汽车也不例外，致使车内漏热严重；

（5）车内设施高低不平，如座椅会使气流分配困难，难以做到气流分布均匀。

电动汽车和传统汽车的驱动动力不同，使得它们的空调系统也有很大的区别：电动汽车没有用来采暖的发动机余热，不能提供作为汽车空调冬天采暖用的热源，因此，电动汽车的空调系统必须自身具有供暖的功能，即要求采用热泵型空调系统。同时，压缩机也只能采用电机直接驱动，结构上与现有的压缩机形式不完全相同。由于给热泵型空调系统提供动力的电池主要是用来驱动汽车的，空调系统能量的消耗对汽车每充一次电的行程的影响很大。如果电动汽车仍采用现有能效比较低的空调系统，将耗费10%以上的电功率，这就意味着要在增加电池的制造成本和降低电动汽车的驱动性能指标中进行选择。同燃油汽车相比，对电动汽车空调系统的节能高效提出了更高的要求。同时，电动汽车空调必须要解决制冷、制热两大问题。根据电动汽车特有的性质，目前电动汽车空调有半导体式（热电偶）、电动热泵式、燃油加热式、PTC加热式。其中，电动热泵式空调是最具有发展前途的。

1. 半导体式制冷 / 制热

半导体式制冷又称电子制冷，或者温差电制冷。其是从20世纪50年代发展起来的一门介于制冷技术和半导体技术边缘的学科，与压缩式制冷和吸收式制冷并称为世界三大制冷方式。半导体式制冷器的基本器件是热电偶对，即把一只N型半导体和一只P型半导体连接成热电偶，如图8-1所示，通上直流电后，在接口处就会产生温差和热量的转移。在电路上串联起若干对半导体热电偶对，而传热方面是并联的，这样就构成了一个常见的制冷热电堆，如

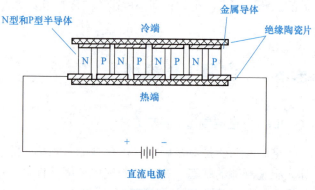

图8-1 半导体式制冷原理示意

图 8-1 所示半导体式制冷片结构。借助于热交换器等各种传热手段，使热电堆的热端不断散热并且保持一定的温度，而把热电堆的冷端放到工作环境中去吸热降温，这就是半导体式制冷的原理。

半导体式制冷作为特种冷源，在技术应用上具有以下的优点：不需要任何制冷剂，可连续工作，没有污染源，没有旋转部件，不会产生回转效应，没有滑动部件，是一种固体片件，工作时没有振动、噪声，寿命长，安装容易。半导体式制冷片具有两种功能，既能制冷又能制热，制冷效率一般不高，但制热效率很高，永远大于 1。因此，使用一个片件就可以代替分立的制热系统和制冷系统。半导体式制冷片是电流换能型片件，通过输入电流的控制，可实现高精度的温度控制，再加上温度检测和控制手段，很容易实现遥控、程控、计算机控制，便于组成自动控制系统。半导体式制冷片热惯性非常小，制冷制热时间很快，在热端散热良好、冷端空载的情况下，通电不到 1 min，制冷片就能达到最大温差。半导体式制冷片的反向使用就是温差发电，一般适用于中低温区发电。半导体式制冷片的单个制冷元件对的功率很小，但若组合成电堆，用同类型的电堆串、并联的方法组合成制冷系统，功率就可以做得很大，因此，其制冷功率可以做到几毫瓦到上万瓦的范围。半导体式制冷片的温差范围为 −130 ℃ ~ 90 ℃。

从空调技术成熟性和能源利用效率比较来看，对于半导体式制冷片技术的电动汽车空调系统，目前存在着热电材料的优值系数较低，制冷性能不够理想，并且热电堆产量受到构成热电元件元素产量的限制等问题，不能满足电动汽车空调节能高效的要求。这使得电动汽车更倾向于选用节能高效的热泵型空调，该技术方案对于不同类型电动汽车通用性较好，并且对整车结构改变较小，是将来电动汽车空调发展的趋势。

注意：目前还没有汽车采用此种方法做制热和制冷系统，现在其主要应用在家庭的饮水机内，将来是否应用未知。

2. 热泵型空调系统制冷/制热

在理论上，制冷循环逆转可以用于制暖。

热泵型空调系统是在原有燃油汽车上进行改进的，压缩机是由永磁直流无刷电机直接驱动。该系统的工作原理如图 8-2 所示。该系统与普通的热泵型空调系统并无本质区别，由于在电动汽车上使用，压缩机等主要部件有其特殊性。而且国外热泵技术具备了一定的基础，该技术最大的优点就是制冷、制热效率高。全封闭电动涡旋压缩机，是由一个直流无刷电机驱动，通过制冷剂回气冷却，具有噪声低、振动小、结构紧凑、质量轻等优点。在测试条件为环境温度 40 ℃、车内温度 27 ℃、相对湿度 50% 的工况下，系统稳定时，它能以 1 kW 的能耗获得 2.9 kW 的制冷量；当环境温度为 −10 ℃、车内温度为 25 ℃时，它以 1 kW 的能耗获得 2.3 kW 的制热量。在 −10 ℃ ~ 40 ℃ 的环境温度下，热泵型空调系统均能以较高的效率为电动汽车提供舒适的驾乘环境。若能在零部件技术上得到改进，相应效率还可以得到提高。

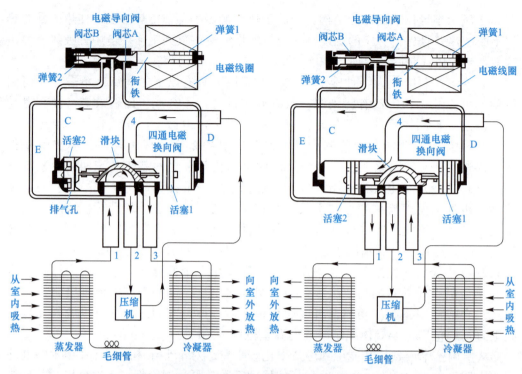

图 8-2 热泵型空调系统工作原理图（由于客车空间大，所以多采用）

目前，热泵型电动汽车空调最大的软肋是低温制热问题，尤其是在东北地区，这也是将来该行业研究的难题之一。为了使热泵型电动汽车空调节能高效，一般从以下几个角度去着重解决：开发高效的直流涡旋压缩机；开发控制精准、节能的硅电子膨胀阀；采用高效的过冷式平行流冷凝器；改善微通道蒸发器结构，使制冷剂蒸发均匀。另外，电动汽车开门的次数及在行车中受车速、光照、怠速等因素的影响，空调湿热负荷大。压缩机乃至整个空调系统都要适应这种多因素变化的工况，因此，热泵型电动汽车空调系统变工况设计尤为重要。

蒸发器风机的风量与车室温度、设定温度、环境温度、太阳辐射强度、蒸发器出风温度之间的关系是非线性的，使用如下公式计算所需风量：

$$风量 = T_{amb} + mT_{set} + nT_{in} + aT_{out} - S_{solar} - K$$

式中 T_{amb}、T_{set}、T_{in}、T_{out}、S_{solar} 分别为环境温度、设定温度、车室温度、蒸发器出风温度、太阳辐射强度。其中，m、n、a、K 为常数，通过查表的方法来控制蒸发器的风量。

汽车空调热泵系统与普通的家用空调比较相近，是对普通家用空调的一种使用场合的扩展。为防止制热时因除霜导致室内舒适性下降，采用了热气旁通不间断制热除霜方式。除霜时，运行原理基本与制热相同，只是将融霜电磁阀打开，让从压缩机出来的高温高压的过热气体有一部分被分流到室外换热器的入口，迅速将室外换热器的温度提高到 0 ℃以上，融掉室外换热器上的霜层，使换热器保持良好的换热效率。

现在有部分客车采用了此种家用空调技术改进后的制冷和制热系统。编者做开发试制时就经历过这样的大客车，客车由于有足够的空间，使用这种方法的效果较好。国外电动汽车空调发展相对国内来说更为成熟，国外电动汽车空调不乏与国内相似的模式，但在热泵电动汽车空调上已经有了一定的基础，日本本田纯电动汽车就采用了电驱动热泵型空调系统。

另外，在特别寒冷的地区使用时，部分车型可以选装一个燃油驻车加热器进行采暖。

R134a制冷剂和CO_2制冷剂是电动汽车常用的制冷剂。国内大多电动汽车空调采用日本电装（DENSO）公司开发的产品，有采用R134a制冷剂和CO_2制冷剂的电动汽车热泵型空调系统，其在热泵系统的风道中采用了车内冷凝器和蒸发器的结构。CO_2制冷系统与R134a制冷系统不同的是：当系统为制冷模式时，制冷剂同时流经内部冷凝器和外部冷凝器。

注意：在风道中仅用一个换热器时，在制冷模式下为蒸发器，制热模式下为冷凝器。采用这种结构的热泵空调系统，不仅需要开发允许双向流动的膨胀阀，而且在热泵工况下，系统融霜时，风道内换热器上的冷凝水将迅速蒸发，在挡风玻璃上结霜，不利于安全驾驶。因此，有必要在热泵系统的风道中采用能设有内部冷凝器和蒸发器的结构，车外冷凝器和蒸发器共用一个热交换器。

3. 驻车加热器制热

纯电动汽车由于无法再利用发动机余热制暖，用电制热的方式在电池容量不高而价格高时不经济，国内一部分电动汽车采用传统燃油车使用的驻车加热器作为加热源，如图8-3所示，虽然仍有用燃油作为燃料的不足，但至少能促进电动汽车的进一步发展。加热器安装是通过与仪表台下的原散热器冷却循环串联。其工作原理是利用另加的油箱来供油，并通过燃烧汽油所产生的热量来加热散热器，同时使驾驶室升温。热交换器是发动机冷却水采暖系统的心脏，它的作用是把冷却水热量传给空气。

(a)　　　　　　　　　　　　　　(b)

图8-3　气暖式和水暖式驻车加热器

（a）气暖式驻车加热器；（b）水暖式驻车加热器

驻车加热器的工作原理:遥控器或定时器给驻车加热器 ECU 一个启动信号,计量油泵从油箱泵油并以脉冲形式将燃油打到燃烧室前的金属毡上,笔状点火器加热到 900 ℃ 左右,将喷溅的细小油滴汽化,空气由燃烧空气鼓风机吸入,与汽油混合后并点燃,火焰将热能传递给发动机冷却液,由电动循环水泵推动冷却水循环进入蒸发箱内散热器,鼓风机吸入使车内冷空气通过散热器,把变热的空气吹入车内。

似乎有些矛盾,但这种方法也是加速电动汽车在特殊地区(北方地区)产业化的一种方式,特别是在客车上,因为过去客车就采用过驻车加热作为冬季供暖的系统。

4. PTC 加热器的电制热方式

若电动汽车采用加热器的电制热方式时,加热器一般配置在驾驶席和副驾驶席之间的地板下方。加热器由可用电发热的 PTC 加热器元件、将加热器元件的热量传送至冷却水的散热扇、控制底板等组成。因要求加热器有较高的制热性,因此,电源使用的是驱动电机的锂离子充电电池的高压,而非辅助电池(12 V)。如果是纯电动汽车(EV)专用产品,也可以不使用冷却液,直接用鼓风机吹送经 PTC 加热器加热的暖风。

工程上 1 mm^2 纯铜线通常可通过 5~10 A 电流,若 3.6 kW 加热器 12 V 则需要供电线为 60 mm^2,这样的线又粗又硬,无法在车上使用。

由于制造的加热单元要使用动力电池的高电压,用少量放热元件产生大量热量,因此,加热器需要丰富的设计和制造技术经验。加热器机身内部有板状加热器元件。通过在元件两侧通入散热剂(冷却液)提高散热性。加热器元件采用了普通 PTC 元件,PTC 元件夹在电极中间,具有电阻随元件温度改变的性质。在低温区,电阻低,电流流通产生热量,随着温度升高,电阻逐渐增大,电流难以流通,发热量随之降低。PTC 元件的特性符合汽车的制热性能要求——具备在低温区的高制热性能。

电动汽车沿用汽油车的制热结构。发动机车的制热系统由发动机、冷却液、加热芯和送风的鼓风机马达组成。吸收发动机的热量温度升高的散热剂在加热芯中内部流过,车内冷空气从加热芯外部流过,为车内制热。所以,只要有暖风散热器和电动水泵就能工作。

另外,目前加热器的 ECU(电子控制单元)与空调系统整体是各自独立的,也可将 ECU 与加热器融为一体。纯电动汽车配备多个加热器元件可以使其制热能力提高到与发动机车相当。但是,为了尽量把电池容量留给行驶使用,在设计时对制热耗电进行了抑制。弱混电动汽车以市区行驶速度(40~60 km/h)为例,在某些条件下,使用制热时的行驶距离要短于使用制冷时,体现出制热的电池消耗比制冷的电池消耗更大。

目前，弱混电动汽车的制冷和制热系统各自独立。比如，德国在国内轻混型混合动力汽车上的制热主要依靠发动机冷却液的余热，而制冷则采用电动空调压缩机。

8.1.2 电动汽车制冷过程

早期的国产电动汽车由于受到蓄电池存储能力的限制，为了不影响续行里程，大多数都没有配备空调系统。随着国内电动汽车逐步产业化、市场化，电动汽车必然要配备空调系统。由于受到电动汽车独特性的影响，国内汽车厂家在传统燃油汽车空调的基础上进行部分替换设计，将燃油发动机带动的压缩机替换成直流电机直接驱动的压缩机，控制上做简单相应改变，来完成空调制冷的功能。目前，替换设计效果基本能解决电动汽车空调的制冷问题，但制冷效率有待提高。

在空调的主要零部件选用上，目前国内的电动汽车除压缩机和控制模式外，其他主要零部件还是沿用燃油汽车空调的零部件，冷凝设备主要用的是平行流冷凝器，蒸发设备主要用的是层叠式蒸发器，节流装置仍然是热力膨胀阀，制冷剂仍然是R134a。据不完全了解，国内在大力开发电动汽车的厂家有奇瑞、比亚迪、一汽、上汽、江淮等。目前，电动汽车空调配套情况基本差不多，都处于上述的发展现状。

1. 单制冷式空调

单制冷式空调系统组成沿用传统汽车空调元件，实现仅制冷用功能，不能像热泵型空调既能制冷也能制热。

（1）制冷系统的组成。如图8-4所示，制冷系统主要由纯电动或混合动力汽车的电动压缩机、冷凝器、储液干燥器、膨胀阀、蒸发箱和控制电路等组成。低压管路：从节流阀出口至压缩机入口，沿程有蒸发箱、低压加注口、积累器。高压管路：从压缩机出口至节流阀入口，沿程有压缩机、冷凝器、干燥器、高压加注口、高低压开关、节流阀。

客车多采用变频器控制高压三相电动机驱动压缩机，因此，有独立的电机变频器，电动机和压缩机之间采用皮带传动方式。而轿车多采用整体式电动压缩机，这种压缩机内部有电机，一般采用高电压供电变频驱动。

（2）制冷系统部件功能。压缩机把低温、低压的气态制冷剂吸入压缩成高温、高压液态制冷剂，以跟外界空气形成温差。冷凝器将经过冷凝器专用风扇或发动机散热器风扇的高温、高压制冷剂的热量散至周围空气，制冷剂降温；干燥器用来除去制冷剂中的水分；高压加注口用于加制冷剂或对管路抽真空用；在高、低压开关中，高压开关保护管路，低压开关保护压缩机；节流阀（膨胀阀）即一个可变或固定截面小孔，把高压制冷剂节流雾化，经蒸发箱吸收车内空气热量；在鼓风机的作用下，蒸发箱吸

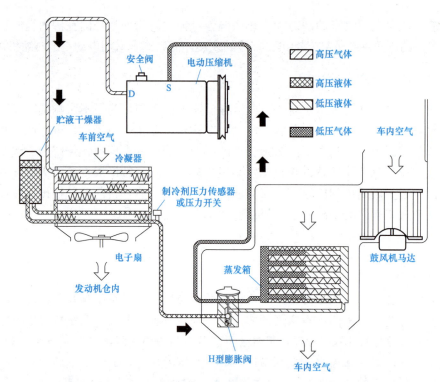

图 8-4　汽车制冷系统组成

收车内热量,变成低温、低压的气态;积累器用来储存制冷剂,防止从蒸发箱出来的不是气态而液击压缩机,一般不设计;低压加注口用于加制冷剂或对管路抽真空。

对于目前传统燃油汽车空调系统,制冷主要采用发动机驱动的蒸汽压缩式制冷系统,而制热主要采用燃油发动机产生的余热。对于纯电动汽车及燃料电池汽车来说,没有发动机作为空调压缩机的动力源,也不能提供作为汽车空调冬天制热用的热源,因此,无法直接采用传统汽车空调系统的解决方案;对于混合动力车型来说,发动机的控制方式多种多样,故空调压缩机也不能采用发动机直接驱动的方案。综合以上原因,在电动汽车的开发过程中,必须研究适合电动汽车使用的新型空调系统。对于电动汽车来说,车上拥有高压直流电源,因此,采用电动热泵型空调系统,压缩机采用电机直接驱动,成为可行的解决方案。若热泵式空调的压缩机电动机采用变频控制技术,膨胀阀采用电子膨胀阀节流技术,则可使控制更精确,并可更节能。

在传统燃油汽车的自动汽车空调系统中,是通过控制混合风门的开度调节出风温度及控制风机的转速来调节风量,以使车室温度保持在设定值。而对于电动汽车热泵型空调系统而言,没有热水芯来调节出风温度,但是压缩机的转速可以通过变频器来控制。因此,它的控制方法也就不同于传统燃油汽车的空调系统。

在电动汽车热泵型空调系统中,压缩机的转速是制冷量的主要控制量,对于压缩机的转速采用的控制方法归纳如下:当车室温度高于设定温度1℃时,为了尽快使温度达到设定值,压缩机以最大转速运行;若车室温度低于设定温度1℃时,压缩机以最低转速运行；当车室温度偏差为 ±1 ℃时，压缩机的转速通过模糊控制算法来控制，以每一采样时刻室温与设定值的温差及温差的变化率为输入量，通过模糊推理得出压缩机的转速值。同时，蒸发器风机的风量不仅影响制冷系统，而且对车室温度有较大的影响。如果只将蒸发器风机以最大风量运行，不仅噪声比较大，还不利于满足车室的舒适性要求。尤其对于电动汽车空调系统，没有热水芯调节出风温度，车室内的体积比较狭小，如果车室温度只通过调节压缩机的转速来控制，车室温度会比较容易波动，不利于系统的稳定运行。因此，只有在车室负荷比较大的情况下才让风机以最大风量运行，而在其他情况下应该采取合适的控制策略，以保证车室温度稳定在设定温度。在初始阶段，压缩机和蒸发器风机以最大转速运行，能使车室温度迅速降到设定温度。当温度达到设定温度后，有少许超调量，控温精度较高。例如，当压缩机从最大转速 6 000 r/min 降到 3 300 r/min 左右时，通过控制蒸发器的风量，车室温度可以平稳地降到设定温度附近，使得此时压缩机转速的超调量较小。

2. 电动变排量涡旋式制冷压缩机

新款丰田普锐斯（Prius）上的 ES18 电动变频压缩机由内置电机驱动。除由电机驱动的部件外，压缩机的基本结构和工作原理与旧款 Prius 上的涡旋式制冷压缩机相同。空调变频器提供的交流电（201.6 V）驱动电机，变频器集成在混合动力系统的变频器上。这样，即使发动机不工作，空调控制系统也能工作，从而达到了良好的空气状况，也减少了油耗。由于采用了电动变频压缩机，压缩机转速可以被控制在空调 ECU 计算的所需转速内。因此，冷却性能和除湿性能都得到了改善，并降低了功率消耗。压缩机的进气、排气软管采用了低湿度渗入软管，这样，可以减少进入制冷循环中的湿气。压缩机使用高压交流电。如果压缩机电路发生开路或短路，HV-ECU 将切断空调变频器电路来停止向压缩机供电。为了保证压缩机和压缩机壳内部高压部分的绝缘性能，新款 Prius 采用了有高绝缘性的压缩机油（ND11）。因此，绝对不能使用除 ND11 型压缩机油或它的同等品外的压缩机油。

（1）结构。如图 8-5 所示，电动变频压缩机包含螺旋形固定蜗形管（定子叶片）和可变蜗形管（晃子叶片）、无刷电机、油挡板和电机轴。固定蜗形管安装在壳体上，轴的旋转引起可变蜗形管在保持原位置不变时发生转动，这时，由这对蜗形管隔开的空间大小发生变化，实现制冷气的吸入、压缩和排出等功能。将进气管直接放在蜗形管上可以直接吸气，从而可以提高进气效率。压缩机中有一个内置油挡板，可以挡住制冷循环过程中与气态制冷剂混合的压缩机油，使气态制冷剂循环顺畅，从而降低机油的循环率。

（2）工作原理。图 8-6 所示为电动涡旋式压缩机的定子叶片和晃子叶片实物图。具体工作过程如图 8-7 所示。

1）吸入过程。在定子叶片（固定蜗形管）和晃子叶片（可变蜗形管）之间产生的压缩室的容量随着晃子叶片的晃动而增大，这时，气态制冷剂从进风口吸入。

2）压缩过程。吸入过程完成后，随着晃子叶片继续转动，压缩室的容量逐渐减小。这样，吸入的气态制冷剂逐渐压缩并被排到定子叶片的中心。当晃子叶片转动 2 周后，制冷剂的压缩完成。

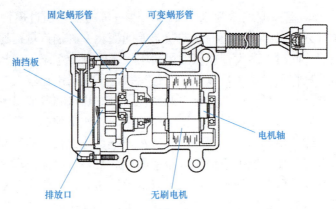

图 8-5 电动变频压缩机内部结构

图 8-6 电动涡旋式压缩机的定子叶片和晃子叶片

(a) 定子叶片；(b) 晃子叶片

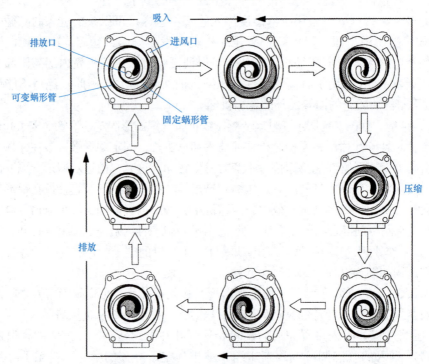

图 8-7 电动涡旋式制冷压缩机工作过程

3）排放过程。压缩完成而压力较高时，气态制冷剂通过定子叶片中心的按压式排放阀排出到高压管。

由于电机变频后转速可调，涡旋泵流量（单位：L/min）即可变，即在涡旋泵排量（单位：L/r）不变的情况下改变了流量。

8.2 汽车热泵式空调

目前的汽车热泵式空调有直接式、间接式和增焓式三种。

8.2.1 直接式热泵空调

日产聆风（NISSAN Leaf）电动汽车于2010年年底于欧美及日本市场上市，2011年进入中国市场，是21世纪后最早的商品化纯电动汽车。其采用的是直接式热泵空调系统，与传统空调相比的改变是空调箱内部布置了一个热交换器，称为车内冷凝器。

1. 直接式热泵空调制冷

如图8-8所示，制冷时，没有车内鼓风机过来的空气通过车内冷凝器翅片，这时工作原理基本与传统空调相同，气态制冷剂经电动压缩机压缩为高温（70 ℃）高压（13～15 bar）的气态制冷剂，再经车内冷凝器、压力传感器、截止阀2、车外部冷凝器和干燥器后降为中温（50 ℃）中压（11～14 bar）液态制冷剂，经低压加注口到膨胀阀1，经膨胀阀1节流进入车内蒸发器形成低温（-5 ℃）低压（1.5 bar）气态制冷剂，低温气态制冷剂从车内吸热后变为升温（0 ℃～5 ℃）低压（1.2 bar）的气态制冷剂（实际不一定全部蒸发掉，可能存在液态的制冷剂，这时可增加液气分离器），制冷剂再次经电动压缩机吸入形成新的循环。

2. 直接式热泵空调制热

如图8-9所示，制热时，车内冷凝器有车内空气通过。气态制冷剂经电动压缩机压缩为稍高压的制冷剂，制冷剂经车内冷凝器散热后降温，经膨胀阀2蒸发降为温度低于外部环境温度的气体，低于外部环境温度的气体进入车外部冷凝器后从车外空气吸热，经截止阀1重新进入电动压缩机再次升温进入车内冷凝器，车内冷凝器温度大于车内空气温度，给驾驶室加热。

8.2.2 间接式热泵空调

为了解决拥挤的交通环境和获得更低的排放，宝马推出了i品牌，这是宝马的第四个品牌，其主要代表着新能源汽车。宝马i3是宝马首款专为城市打造的纯电动量产车型，其不仅拥有更环保、更具科技感的特色，而且其价格也并非遥不可及。

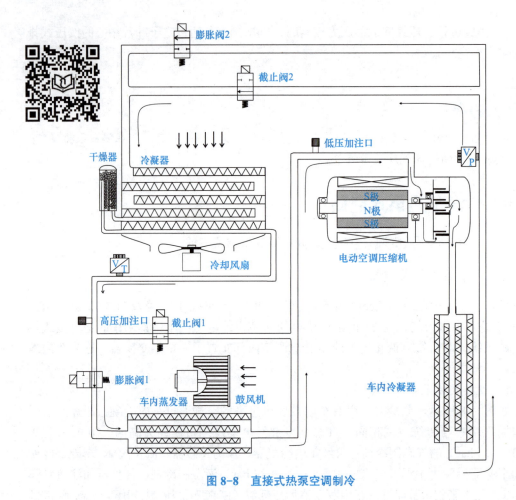

图 8-8　直接式热泵空调制冷

间接式热泵空调典型车型为宝马 i3 纯电动车。与直接式不一样的是，间接式热泵空调将内置在车内空调箱的车内冷凝器布置在机舱内，称为热泵换热器或热交换器。

1. 带热泵的加热回路

宝马 i3 纯电动汽车的热泵换热器安装在冷却液泵和电加热器之间，由于使用热泵式空调制热，PTC 电加热器的电能消耗明显减少。为了获得 5 kW 的输出热量，由于电阻损失，单独采用电加热器需要消耗 5.5 kW 的电能。而带热泵的系统只需要 2.5 kW 的电能驱动电动空调压缩机后，即可产生 5 kW 的输出热量。因此在进行效率比较时，清晰地显示了热泵节约的能量，尽管热泵的加热效率高，但在低环境温度时热泵的加热效率也会大大下降，不能满足实际的汽车使用需求，因此仍需要 PTC 电加热器。

2. 热泵系统

在宝马 i3 纯电动汽车上，电机和功率电子装置（变频器、车载充电机和 DC/DC 转换器等）产生的可用废热很少。由于配置了热泵，使用电加热器的纯电动汽车其行驶里程并不明显减少。乘客舱所需的热量由带热泵的暖风空调系统提供。热泵的工作原理与

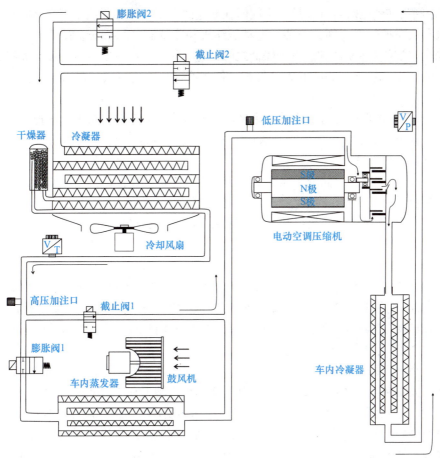

图 8-9 直接式热泵空调制热

暖风空调系统相反,当低温高压的制冷剂流过车外冷凝器时,能从外界大气中吸收热量。而流过热泵热交换器(车内冷凝器)时,高温制冷剂释放的热能用于加热乘客舱。

3. 热泵系统主要元件

(1)自动恒温空调控制单元。自动恒温空调控制单元评估制冷剂温度和制冷剂压力信号,控制制冷剂截止阀和制冷剂电控膨胀阀等执行器。

(2)制冷剂温度传感器和压力—温度传感器。带热泵的空调制冷剂管路上有 3 个温度传感器,两个压力—温度传感器,用于把制冷剂温度和压力值传递给自动恒温空调控制单元。

(3)制冷剂截止阀。由于空调压缩机的润滑和压缩,制冷剂不能在电动压缩机和储液干燥器的制冷剂管路中反向流动。按照自动恒温空调控制单元发来的指令,热泵控制器打开或关闭制冷剂截止阀。截止阀阀门用于控制制冷剂回路,可以引起制冷剂在冷凝器和蒸发器中的不同流向,使热泵有制冷、加热和混合三种不同的运转模式。

制冷剂截止阀共有 4 个,都位于车辆的前端。制冷剂截止阀只能全开或全关。其中，3个阀门在断电时打开，另一个阀门在断电时关闭。制冷剂截止阀分别安装在电动压缩机和热泵换热器之间；安装在电动压缩机和冷凝器之间；安装在蒸发器和储液干燥器之间；安装在冷凝器和储液干燥器之间，这个阀门在线圈断电时，液压通路关闭。在热泵的加热模式下，关闭的阀门打开，使制冷剂从冷凝器通过储液干燥器流回电动压缩机。

（4）电控膨胀阀。由于使用了热泵，高电压蓄电池冷却回路中的电控膨胀阀和组合的膨胀截止阀被3个电控膨胀阀取代。这3个电控膨胀阀使用步进电机在0～100%之间控制制冷剂管路。

（5）储液干燥器。储液干燥器储存润滑用冷冻机油，保证热泵回路的正常工作。空调的储液干燥器集成在冷凝器上，不能单独更换。

（6）热泵换热器。热泵换热器将高温高压制冷剂的热量传递给暖风加热管路流动的冷却液。

4. 工作模式

汽车上安装的热泵有制冷、加热和混合三种工作模式。该热泵系统使用1 kW的电能可以获得2 kW的热量或3 kW的冷气。在所有工作模式中，热泵的感知温度范围为 –10 ℃～40 ℃。带热泵的空调制冷剂量是970 g，不带热泵的空调制冷剂量是750 g，制冷剂的质量对空调系统的正常运转非常重要。

（1）制冷模式。热泵在制冷模式时，制冷剂回路选用的设备与空调的标准设备完全相同。关闭制冷剂截止阀2和3，打开制冷剂截止阀1和4，如图8-10所示。

（2）加热模式。如图8-11所示，热泵在加热模式时，关闭制冷剂截止阀1和4，打开制冷剂截止阀2和3，电动压缩机出来的制冷剂流过热泵换热器散热后，再反向经车内蒸发器散热成为中低温的制冷剂，经膨胀阀进入车外冷凝器变为极低温的气态制冷剂，从车外空气吸热，再重回电动压缩机。

在电动压缩机出来的制冷剂流过热泵换热器散热的过程中，制冷剂将热量通过热交换器传递到暖风加热回路的冷却液，从而将热量经暖风散热器传递到车内。

（3）混合模式。如图8-12所示，热泵在混合模式时，打开制冷剂截止阀1、3和4，关闭制冷剂截止阀2，制冷剂不能反向流动。高温高压制冷剂分流，一方面经冷凝器散热后，冷却高电压蓄电池，并通过冷却蒸发器实现乘客舱除湿，另一方面高温高压制冷剂在热泵换热器散热。当车外光线较强时，不必从空调出风口吹冷气，这是带热泵空调系统的另一个优点。如果要加热脚部空间，使用热泵换热器，不必浪费电能。

8.2.3　补气增焓直接式热泵空调

1. 补气增焓的定义

如图8-13所示，魔法师想要从无到有地在桌子上创造一只兔子，不仅要付出制造兔子的能量U，还要付出将兔子放在桌子上排开放置兔子空间周围空气所做的功pV，魔法师需要付出的能量H（焓）$=U+pV$。

其中H表示焓，U表示内能。内能来自热能，并以分子不规则运动为依据。焓由

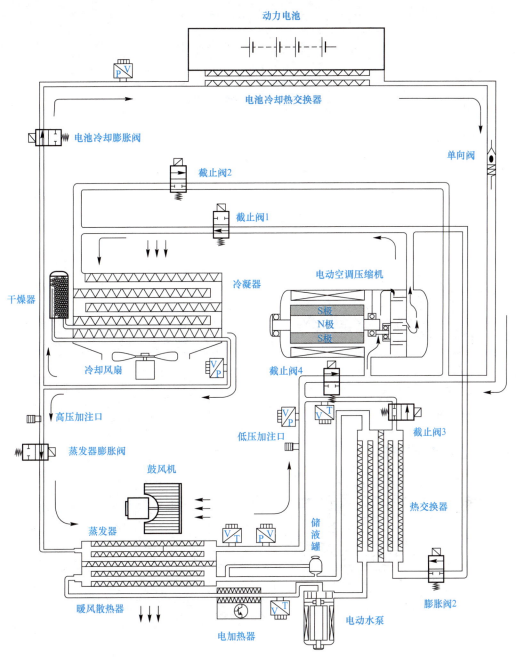

图 8-10 制冷模式

系统温度的提高而成比例增大,在绝对零度(-273 ℃)时为零点能量。在这里体积功直接视为对压强(p)引起体系体积(V)变化 ΔV 而形成的功。

所谓补气增焓是指压缩机采用两级节流中间喷气技术,采用闪蒸器进行气液分离,实现增焓效果。它通过中低压时边压缩边喷气混合冷却、高压时正常压缩,提高压缩机排气量,达到低温环境下提升制热能力的目的。

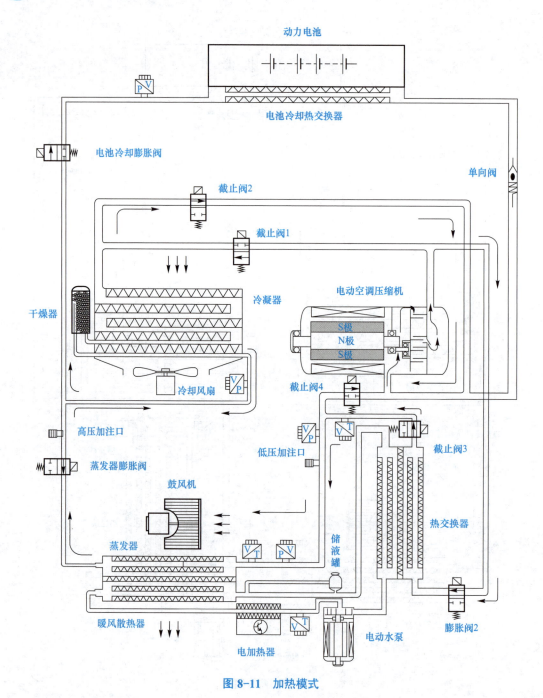

图 8-11 加热模式

闪蒸的原理

闪蒸是利用高压的饱和液体进入比较低压的容器中后,由于压力的突然降低,使

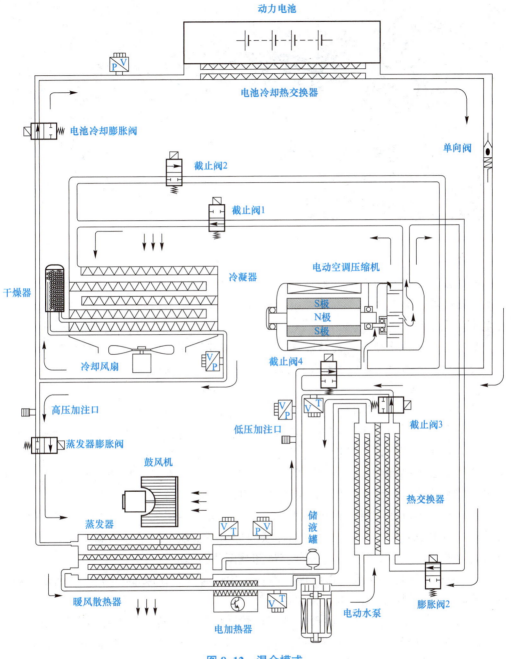

图 8-12 混合模式

这些饱和液体变成容器压力下的饱和蒸汽和饱和液。

目前,生活中的很多管道系统都利用了闪蒸原理,闪蒸是一种非常快速的转变过程,方法是当流体流经局部收缩的流通面积的调节阀时产生局部阻力,使得流体的压力和速度发生一定的变化。同时,当压强为 p_1 的流体流经节流孔时,流速突然急剧增

图 8-13 焓的定义

加，静压骤然下降；当孔后压强 p_2 在达到该流体所在情况下的饱和蒸汽压力 pV 前，部分流体汽化，产生气泡，形成气液两相共存现象，称为闪蒸阶段，可见它是一种系统现象。

如果管道系统上使用了闪蒸原理，对于调节阀是有一定破坏的，能够做到的就是防止闪蒸对调节阀的破坏，这样管道系统才能更好地运行。

2. 工作原理

补气增焓技术的压缩机多了一个吸气口，通过产生蒸汽来冷却主循环的制冷剂，蒸汽从第二个吸气口进入压缩机，其压缩过程被补气过程分割成两段，变为准二级压缩过程。补气在降低排气温度的同时降低排气过热度，减少冷凝器的气相换热区的长度，增加两相换热面积，提高冷凝器的换热效率，当蒸发温度和冷凝温度相差较大时会产生较好的效果，所以在低温环境下效果更加明显。

中间补气涡旋压缩机即在压缩机压缩中间腔补充中压气体，增加排气量，降低排气温度，提升制热能力，使热泵空调在低温环境下也能提供足够的制热能力。同时，补气通道的开启和关闭可以作为一种容量卸载调节的辅助手段。

（1）不补气增焓时的工作原理。不补气增焓时的工作原理如图 8-14 所示，截止阀 3 通电，制冷剂经截止阀 3 直接去冷凝器。

（2）补气增焓时的工作原理。补气增焓时的工作原理如图 8-15 所示，截止阀 3 断电后，制冷剂经节流口去车外冷凝器，一部分经单向阀 1 回流至电动压缩机入口，电动压缩机被回气填满，增加压缩机从液气分离器吸进制冷剂的压缩能力。从而在车外冷凝器蒸发时形成更低温的气体，从车外空气吸收更多的热量。

单向阀 1 的作用：一方面是防止压缩机在停机的瞬间发生反转；另一方面也是比较重要的方面，是为了减少压缩机的余隙容积，在不补气状态下补气管路相当于余隙容积，这势必会降低压缩机的容积效率，所以，单向阀 1 要靠近压缩机补气口安装以减少这部分余隙。

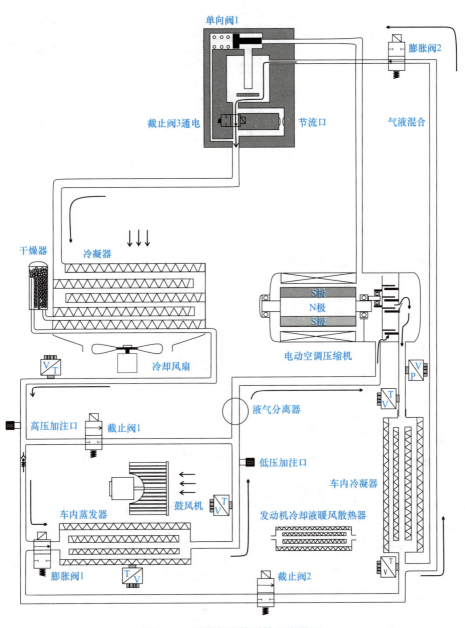

图 8-14 不补气增焓时的工作原理

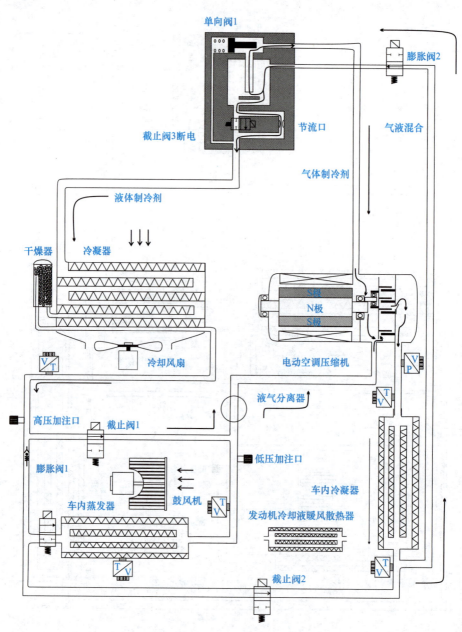

图 8-15 补气增焓时的工作原理

8.3 制冷和制热故障诊断与排除

8.3.1 纯电动汽车空调不制冷故障诊断

1. 电动汽车制冷工作过程

2017 年款吉利 EV300 纯电动汽车空调系统既负责为汽车室内进行制冷,也负责锂离子电池在极端热环境下的制冷,其制冷工作原理如图 8-16 所示。

电动压缩机的控制过程如下:驾驶员通过控制面板打开空调,设定室内温度,自动空调控制器(ECU)通过查询空调 ECU 内部的电动空调压缩机转速目标 MAP 图,将转速目标数据发送给电动空调压缩机总机上部内置的空调压缩机变频器的控制器(ECU)部分,压缩机变频器的控制器(ECU)部分根据转速目标数据控制变频器的驱动板形成驱动控制全桥逆变器的驱动信号,驱动信号驱动全桥逆变器形成三相电机的交流信号,电机转子开始转动,电机转子上的转速(位置)传感器将实际电机转速反馈给变频器控制器(ECU),以实现反馈控制。

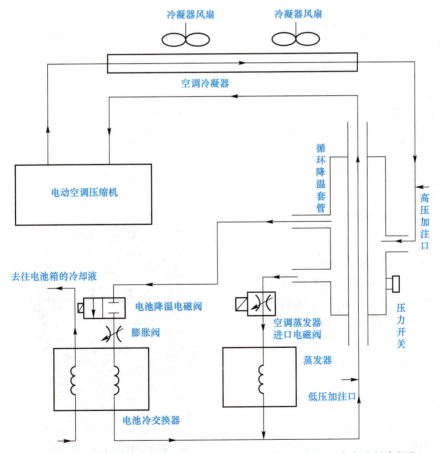

图 8-16　2017 年款吉利 EV300 纯电动汽车空调制冷工作原理(含电池制冷部分)

转动起来的电动压缩机吸入低温气态的制冷剂,压缩出高温气态制冷剂,经冷凝器降温后形成高温液态制冷剂,进入一段从蒸发器出来的双层管结构的外层管,内管是从蒸发器出来。低温气体的制冷剂对外管的高温液态制冷剂进一步冷却,这样的设计提高了空调的制冷效率。

在外管的左侧有两个输出,下部的输出去往蒸发器进口电磁阀,经给车内制冷的蒸发器回流至右侧的低压管,经双层管的内管再次进入压缩机构成循环。

在外管的左侧上部的输出去往电池降温电磁阀,经电池降温专用膨胀阀进入一个小型的冷交换器的蒸发器,从蒸发器回流至右侧的低压管,经双层管的内管再次进入压缩机构成循环。小型冷交换器的左侧管路内装有防冻液,防冻液的热量被制冷剂带走,自身温度降低。降低温度的防冻液流经电池底部的热交换铝板,从而起到冷却电池的作用。

2. 压缩机不制冷的故障原因分析

电动汽车空调的控制与燃油汽车空调的控制基本相同,很多故障与燃油汽车的故障原因相同,下面是常见的不制冷原因。

(1) 压缩机启动控制条件未达到。

1) 空调控制面板操作错误;

2) 车前杠处的外界环境温度传感器检测到外界环境温度过低而禁止空调压缩机转动;

3) 高压管处的高、低压力传感器检测到制冷管路制冷剂过多、过少而禁止空调压缩机转动。

(2) 压缩机启动控制条件已达到,压缩机仍不转动。

1) 压缩机高压供电保险损坏(压缩机外部供电线路短路);

2) 压缩机高压绝缘损坏;

3) 空调控制器和变频器通信线路损坏;

4) 压缩机变频器损坏;

5) 空调控制器损坏。

3. 制热工作控制过程

2017年款吉利EV300纯电动汽车空调制热采用高压电加热器(图8-17),加热器对冷却水进行加热,热的冷却水流经空调暖风散热器给驾驶室。同时,热的冷却水也流经电池的热交换器一侧,电池热交换器的另一侧是流经电池的冷却液,从而给电池组加热。

高压电加热器的高压电流是经过高压配电箱保险流过来的,

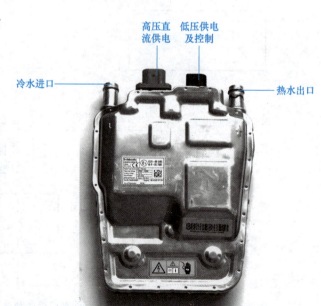

图8-17 空调暖风和电池共用的高压电加热器

直流进入高压电加热器后（图 8-18），再经过功率开关管进行电流控制，从而满足驾驶员对汽车驾驶室温度的设定需求。即驾驶员设定温度越高，对应的鼓风机转速越高，同时加热器的加热电流越大。低压控制端口用于给加热控制 ECU 供电，并提供通信线路。两侧的粗管为冷却液的流入口和流出口，在口端标有进、出标记。

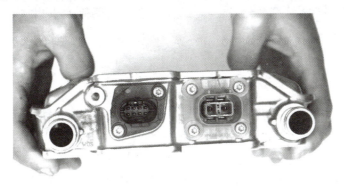

图 8-18　加热器控制端口与高压供电端口

在高压电加热器上可分成高压和低压两部分。低压控制包括供电、接收空调面板的加热需求信号，以及将加热器自诊断出的故障输出等。高压部分功率管的驱动电源由高压部分降压产生。

在电路板（图 8-19）上采用了光耦进行光电隔离，以实现低压对高压的控制信息下达和上传的目的。

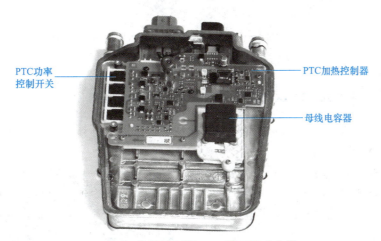

图 8-19　加热控制器 ECU 及四个功率管

8.3.2　纯电动汽车空调无暖风故障诊断与排除

1. 故障现象

校内安保人员采用一汽奔腾 B50 纯电动汽车进行巡逻，在 2017 年 11 月来报修空调没有暖风。要知道，在长春冬季没有暖风是很严重的事情，安保人员反映前风挡无法除霜，同时车内也非常冷，无法巡逻。

2. 故障原因

经检查该车确实没有暖风，分析导致没有暖风的原因有以下几种情况：

（1）高压电没加到 PTC 上；

（2）PTC 控制器无法控制开关管，注意：开关管在控制器内部；

（3）PTC 控制器未供电工作；

（4）空调的控制信号未送达 PTC 控制器。

3. 故障诊断

针对（4）通信问题不易发生、低压控制线在手套箱后的 PTC 控制器上也不易检查，所以首先从（1）高压电没加到 PTC 上入手，很可能是 PTC 加热器本身损坏，但 PTC 加热器在蒸发箱中，测量较困难。根据 PTC 加热供电取自 DC/DC 转换器内部的继电器，如图 8-20 所示，也可能是中间供电的继电器未工作。

恰好校内有正常的 DC/DC 转换器，所以考虑更换 DC/DC 转换器，从而也更换了内部的 PTC 供电继电器。

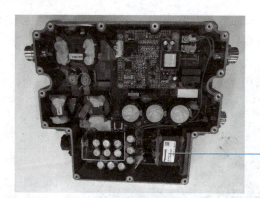

图 8-20 DC/DC 转换器内部的空调 PTC 供电继电器（右下侧）

编者找来了两名徒弟，他们是平时愿意钻研汽车的，将分析思路告诉他们，并指挥他们更换 DC/DC 转换器。

操作过程如下：由于没有举升机，无法从车底将检修塞拆下，所以，只能断开蓄电池负极。断开蓄电池负极，主供电继电器就断开了。理论上讲是不必拆下检修塞的，厂家要求拆下检修塞是防止主供电继电器黏结无法断开造成触电危险。在操作过程中，为了安全，在断开蓄电池后，对变频器的直流进线进行了验电操作（图 8-21），确认无电后，断开变频器控制线束，拆下变频器，断开直流供电。拆下变频器上盖，断开电机的

图 8-21 拆下变频器电缆

三相连接（图 8-22）、电机解角传感器和温度传感器连接。断开冷却水管，断开 DC/DC 转换器前后的线束连接，拆下变频器，更换新的 DC/DC 转换器（带 PTC 供电继电器）（图 8-23）。接上水管、线束、全部的拆装部件后，接上蓄电池，点火开关打到"READY"挡，打开空调加热开关，出风口仍无热风出来，说明故障不在 DC/DC 转换器的继电器上。

图 8-22 拆电机和变频器连接

图 8-23 更换新的 DC/DC 转换器

故障不在 DC/DC 转换器上就一定在带控制器的 PTC 加热器上，因为本车的 PTC 加热器和控制器为一体，外界的接线有控制线束和高压供电线束，控制线束一般不会出故障。

此时，突然觉得直接判断故障不在 DC/DC 转换器的供电继电器上太草率，因为最开始就已怀疑带控制器的 PTC 加热器，只有能绝对判定高压供电正常，才可考虑更换带控制器的 PTC 加热器。于是对 DC/DC 转换器的供电继电器是否确实损坏展开判断。DC/DC 转换器的供电继电器在工作时是有声音的，打开空调暖风开关，若能听到或摸到继电器的振动则可断定高压加到 PTC 加热器上。想好了，一人在车内操作空调暖风开关，编者用手摸 DC/DC 转换器的供电继电器侧的外壳，可摸到继电器工作的振动，也可听到轻微的"咔嗒"声，这时就可完全判定带控制器的 PTC 加热器损坏了（图 8-24）。

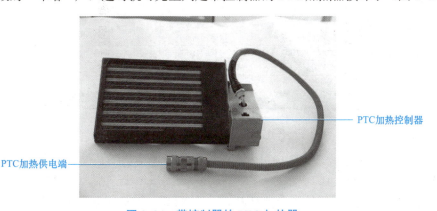

图 8-24 带控制器的 PTC 加热器

当然，这里还是有一点漏洞，即还不能确定空调对带控制器的 PTC 加热器的控制器部分控制是否正常。

校内并没有带控制器的 PTC 加热器，图 8-24 中的也是损坏的一个部件，打电话到服务站，服务站来人检查了一个小时，未能直接确定故障元件，决定将车拖回服务站。拖车时，告之主修师傅是带控制器的 PTC 加热器损坏了，换件就行，他摇了摇头。在服务站修理期间，主修师傅对车进行了检查，判断"不是带控制器的 PTC 加热器损坏"。如果不是带控制器的 PTC 加热器损坏，那一定是带控制器的 PTC 加热器的控制器控制信号未到达，也就是未检查的部分，按经验判断这是最小概率发生的那部分。最终检查结果出来了，主修师傅告之是带控制器的 PTC 加热器损坏。

4. 诊断思路回顾

最初更换新 DC/DC 转换器（带空调加热供电继电器）的做法有些徒劳，因为当时想"概率大"是一个原因，另外也有连检带修一次完成的想法。正确的做法是先打开空调暖风开关，听是否有继电器工作的声音或摸继电器是否有振动。

8.4 典型工作任务 1：吉利空调数据分析

8.4.1 空调数据界面

在图 8-25 所示空调数据 1 中，温度数据是以电阻形式体现的；加热芯体也称为 PTC 加热器，内置有温度传感器。

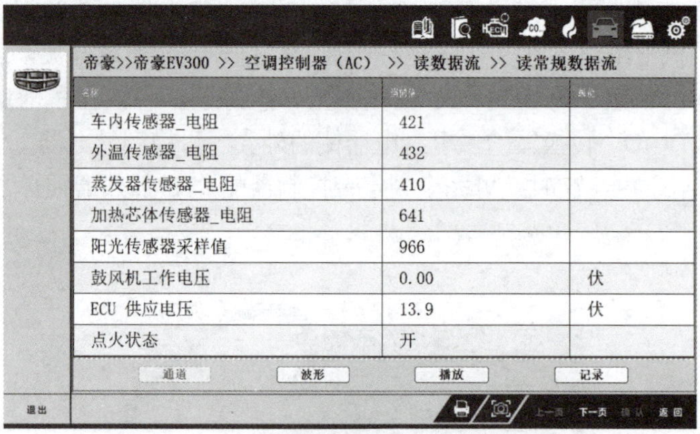

图 8-25 空调数据 1

在图 8-26 所示空调数据 2 中可发现诊断数据开发得仍不是很好，错误较多，如写着温度，实际是电阻数值。

注意：PTC 加热器只是一个带有 ECU 的执行器，PTC 控制器可以是 CAN 总线或 LIN 总线上的一个节点。图 8-27 中线束接口功率限值未给出，厂家未提供。

在图 8-28 中两个电机的位置数据无单位，不知是电阻值还是 10 位精度的 A/D 转换值，待明确单位。

图 8-26 空调数据 2

图 8-27 空调数据 3

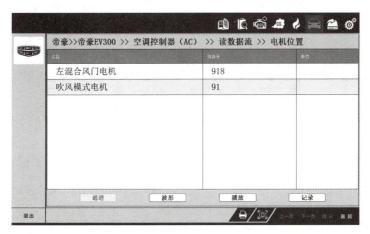

图 8-28 空调数据 4

8.4.2　空调数据分析

电动空调系统数据见表 8-1。

表 8-1　电动空调系统数据

名称	当前值	单位	解析说明
LCD 背光占空比	0	%	LCD 背光占空比，占空比大，亮度高
指示灯背光占空比	100	%	指示灯背光占空比，占空比大，亮度高
车内传感器_电阻	444		车内传感器—电阻值（不是温度值）
外温传感器_电阻	488		外温传感器—电阻值（不是温度值）
蒸发器传感器_电阻	425		蒸发器传感器—电阻值（不是温度值）
加热芯体传感器_电阻	650		加热芯体传感器—电阻值（不是温度值）
阳光传感器采样值	968		阳光传感器采样值（不是温度值）
鼓风机工作电压	0.00	V	鼓风机转速高时，工作电压高
ECU 供应电压	13.9	V	ECU 供应电压
点火状态	开		点火开关状态
左混合风门电机	918		选择是蒸发箱，还是暖风散热器风通过的风门电机开度反馈值
吹风模式电机	91		吹风挡、吹脸、吹脚风模式电机风门位置传感器开度反馈值
高压电加热器状态	永久惯性		高压电加热器状态
高压测量电压	587 000	mV	
高压电流消耗总览	0	mA	PTC 或电动压缩机高压消耗的电流
冷却液入口温度	2 676	deg C	冷却液入口温度传感器电阻值
冷却液出口温度	2 679	deg C	冷却液出口温度传感器电阻值
低压电源	13 900	mV	空调 ECU 供电电源
加热器核心层温度	2 879		加热器核心层电阻值
瞬时的功率耗超出高压电网	0		瞬时的功率耗超出高压电网是否出现过
线束接口功率限值	*****		线束接口功率限值，是个固定值
加热器解锁	锁住并且不能解锁		加热器解锁状态

8.5 典型工作任务 2：比亚迪空调数据分析

如图 8-29 所示，MCU 是压缩机电机控制单元（Motor Control Unit）的缩写；负载电压是指压缩机变频器逆变桥的直流供电电压。

如图 8-30 所示，本记录是记录电动压缩机的 MCU 在有故障码的情况下，带故障重启的次数。带故障若能重启成功说明变频器变频功能的硬件没有问题。

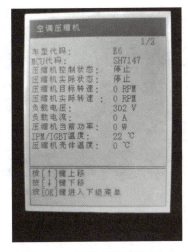

图 8-29　电动压缩机数据流 1

图 8-30　电动压缩机数据流 2

按图 8-31 所示进入 PTC 诊断仪界面。

图 8-32 所示为 PTC 加热数据，观察此数据需要将温度设定为最高温度，温度有异常，如过热或不热时都有故障。

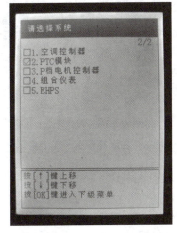

图 8-31　PTC 诊断仪进入界面

图 8-32　PTC 加热数据

8.6 典型工作任务3：电动压缩机拆装关键步骤

电动涡旋式压缩机拆装往往容易，重装却很困难，究其原因是没有在拆卸的过程中做记号，下面提供了一个做关键步骤记号的实例。

如图8-33所示，将电动涡旋式压缩机放置在两橡胶座之间，在电动涡轮泵高、低压腔外壳做记号。

如图8-34所示，拆下电动涡轮泵高、低压腔外壳螺栓，本处螺栓在装配时均应拧紧，防止泄漏制冷剂。

图8-33 在电动涡轮泵高、低压腔外壳做记号　　图8-34 拆下电动涡轮泵高、低压腔外壳螺栓

如图8-35所示，注意检查内部是否有铝磨料或大量的黑色油泥出现，若有需要检查压缩机的工作压力是否合格。

如图8-36所示，在涡旋泵定子壳上做记号，防止安装错位。这个步骤非常关键，关系是否能顺利安装。

图8-35 拆下电动涡轮泵高、低压腔外壳　　图8-36 在涡旋泵定子壳上做记号

如图8-37所示，取出定子叶片时，注意不要连同晃子叶片一起取出，若已经一同取出应及时找到晃子叶片端部在壳体上的对应位置。

如图8-38所示，取出晃子叶片前，在壳上给晃子叶片端做防错位记号。这个步骤非常关键，关系是否能顺利安装。

在装配时按上述逆序操作。

图 8-37　取出定子叶片

图 8-38　在壳上给晃子叶片端做防错位记号

第 9 章
减速箱驻车挡

能画出纯电动汽车减速箱的结构图；
能画出线控驻车挡示意图，并能说明其工作原理。

能排除电动汽车驻车挡故障。

9.1 纯电动汽车传动系统组成

9.1.1 纯电动汽车传动系统分类

采用不同的电力驱动系统可构成不同结构形式的电动汽车，下面介绍几种不同结构驱动形式分类。

1. 根据汽车驱动方式分类

（1）电机横置前驱结构。在传统发动机横置前驱的燃油汽车上把发动机换为电机，将变速器换为多级主减速器，并将这个多级主减速器和差速器集成一个整体，用两根半轴连接驱动车轮，这种结构在电动轿车上应用最普遍。

（2）电机纵置后驱结构。电机用固定速比的减速器，由电机、固定速比的减速器和差速器组成电力驱动系统，没有离合器和可选的变速挡位，转矩大小由逆变器控制输出，这种结构在电动客货车上应用最普遍。

2. 根据电机个数分类

（1）单电机结构。采用一个电机通过固定速比的减速器分别驱动两个车轮，需装有开放式差速器。

（2）双电机结构。采用两个电机通过固定速比的减速器分别驱动两个车轮，每个电机的转速可以独立地调节，可实现车轮电子差速，不必装差速器。

3. 根据轮毂电机高低速分类

（1）高速轮毂电机结构。采用高转速电机驱动行星齿轮的太阳轮，内齿圈固定，行星架减速输出。

（2）低速轮毂电机结构。采用低速电机驱动电机的外转子，取消行星齿轮减速，电机的外转子直接安装在车轮上。

9.1.2 减速箱结构

由于电机扭矩大，在小型、中型卡车和轿车上取消了变速器，减速机构只有主减速器。主减速器多为二级式，总主减速器的传动比是两级速比的乘积。单电机时，差速器仍是必要的部件。图 9-1 所示为电动减速驱动桥。

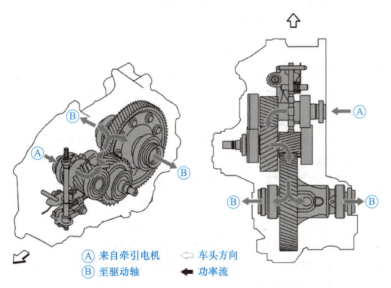

Ⓐ 来自牵引电机　⇦ 车头方向
Ⓑ 至驱动轴　　　⬅ 功率流

图 9-1 小、中型面包车上的电动减速驱动桥

由于电机具有低速扭矩大、工作转速范围宽的特点，倒车只需电机反转即可。因此，变速器的前进挡 D 和倒挡 R 只是电机正转和反转的控制信号。

9.1.3 乘用车传动系统

图 9-2 所示为轿车电力驱动系统，将电机、减速器、差速器和功率逆变器集成在一起，外部只有强电、弱电线束和冷却的水管。

若采用前、后轴各一台这样的动力驱动系统则是很好的四轮驱动。

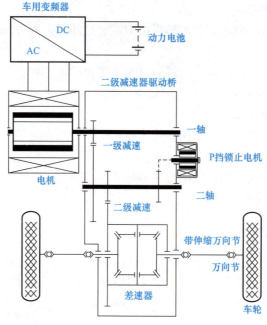

图 9-2 轿车电力驱动系统

9.1.4 客货车传动系统

在本书中客车和货车统称为客货车。

1. 客货车使用变速器的必要性

电机拥有很宽的工作转速范围,但和发动机一样,电机也有最佳工作转速区间,高于或低于这一区间效率就会下降。

(1)无变速器的电机效率。一台 40 kW 电机在刚启动时效率仅有 60%~70%。随着速度提高效率逐步提高,在 3 300~6 000 r/min 区间,效率能够达到 94% 以上。而在接近极限转速 10 000 r/min 时,效率又降到 70% 左右。可以看出,合理利用变速器,使电机工作保持在最佳转速区,对于提高效率十分有意义。

(2)无级变速器的效率。电动汽车若采用无级变速器会比固定速比的减速器能耗降低 5%~7%,噪声也减小很多。

(3)货车和客车是否采用变速器。轿车变速器取消了,客货车变速器结构大大简化。在客货车上,无变速器时,电机低速电流大、最高车速噪声大、耗电量过大。固定速比输出就不能充分随路况变化改变扭矩,会造成对电机、蓄电池及控制器的严重破坏。所以,客货车仍要采用变速器。

2. 二挡或三挡变速器

货车和客车采用二挡或三挡的变速器。在电动客货车上配装变速器(图 9-3),主要是为解决电机驱动力不足的问题。装变速器可以改变电机扭矩,提升电机动力。纯电动客车配装的变速器相比燃油车型上的变速器结构大大简化,变速器挡数由传统多

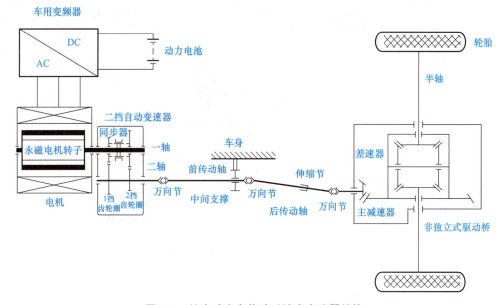

图 9-3 纯电动客车传动系统中变速器结构

挡简化成 2 挡或 3 挡,电机和变速器之间可配有离合器,也可不配离合器。

3. 无同步器 AMT 应用

传统变速器换挡条件是要有离合器切断动力,同步器使从动齿轮和主动齿轮同步。新的设计理念是在无离合器条件下要实现自动换挡,同步器无法实现同步。为此设计出电机主动调速适应从动齿轮转速的自动换挡变速器。如图 9-4 所示为电机调速齿轮同步的自动换挡动力总成。

图 9-4 电机调速齿轮同步的自动换挡动力总成

电机调速齿轮同步的自动换挡的工作原理是自动变速器 ECU 接收变速器输出轴转速传感器信号,同时也接收电机转速信号。在换挡前,先调节电机转速至从动齿轮的转速。然后采用电控气动、液动和电动三种装置之一推动拨叉,由于主从动齿轮的转速相等,拨叉推动接合套直接挂入相应的主动齿轮。图 9-5 所示为一款电控电动换挡执行装置。

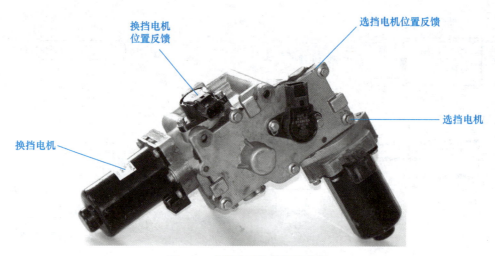

图 9-5　电控电动换挡执行装置

9.2　典型减速箱原理与诊断技术

9.2.1　减速箱

比亚迪 E6 电动汽车采用了二级减速齿轮的减速箱（没有变速箱），减速箱内的控制装置只有 P 挡驻车电机控制的驻车锁止轮，如图 9-6 所示。P 挡电机控制器主要控制 P 挡电机在 P 挡位置锁止变速箱，主要完成 PWM（脉冲宽度调制）波产生对 P 挡电机的控制。

电机的转速改变通过变频器调频实现，方向改变通过线控换挡杆向变频器内的电机控制器发送信号。

图 9-6　P 挡线控驻车机械锁止轮

线控驻车电机有驱动管或电机故障、位置霍尔信号故障、备用霍尔故障等。

9.2.2　P 挡电机控制器

P 挡电机控制器位于主驾驶员座椅地板处，用于控制 P 挡电机，从而实现车辆动力系统的锁止和解锁。

P挡电机控制器实现的功能如下：接受驱动电机控制器的锁止命令，对电机执行相应的锁止操作，保证车辆停车的可靠性。接受驱动电机控制器的解锁命令，对电机执行相应的解锁操作，保证车辆的正常起步。它不同于传统的机械拉索控制锁止结构，通过控制电机转子转动时的伸出与缩进来控制是否锁止变速箱。它主要包括控制器、电机、霍尔位置传感器，霍尔位置传感器和电机是集成在一起的。

P挡电机控制器主要控制P挡电机在P挡位置锁止变速箱，主要完成PWM波产生对P挡电机的控制。P挡电机为开关磁阻电机，属于异步电机的范畴，该电机内部有叶轮和摆轮等部件，叶轮每旋转60圈，摆轮旋转一圈，摆轮通过花键与锁止机构相连将变速器锁止。

P挡电机控制器电源及搭铁线如图9-7所示，有常电和点火开关供电，三条搭铁线。

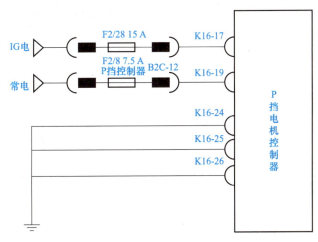

图9-7　P挡电机控制器电源及搭铁线

P挡控制电机电路工作原理如图9-8所示。P挡控制器K16-5内部接地，P挡控制继电器线圈通电，继电器开关闭合给P挡控制电机的3个线圈供电，3个线圈经B13-7、B13-1、B13-6到达P挡控制器，为保证工作可靠，一个线圈采用了3个接口，这个接口内部为开关管可实现线圈内部接地。

【完成任务】P挡驻车锁电机为三相电机，外接三根线的任意两根间为两相线圈串联，由于对称性，检查P挡电机时，三根线间的电阻值应为1.40~1.45 Ω，三根线和电源线的电阻值应为0.70 Ω。

P挡控制电机要实现准确的驻车锁止和解除驻车锁止功能，要求有准确的电机转子位置反馈（图9-9）。反馈方法是通过电机内部的三个霍尔传感器A、B、C来监测电机转子的位置。电机转子的端部有一个多极磁环，当电机转子转动时，多极磁环扫描三个霍尔传感器A、B、C，实现P挡控制器到P挡控制电机的三根信号线与P挡控制电机的间歇接地，从而在P挡控制器内部形成接地信号，通过这个信号实现电机转子位置的监测。

P挡电机控制器控制接收来自CAN总线上锁止/解除锁止的信号（图9-10），完成P挡电机控制，同时P挡电机控制器的故障信息也可通过CAN总线输出到总线上去。

P挡锁止用电机采用开关磁阻式电机，为三相12/8极，即定子12个线圈，转子

8个单极，其电路原理可简化为图9-11。按下P挡开关的接地信号被微控制器接收，T_1晶体管工作，P挡电机继电器工作给磁阻电机的三个定子线圈供电。当T_1、T_2、T_3按顺序导通时，电机转子向一个方向转动。当T_3、T_2、T_1按顺序导通时，电机转子向另一个方向转动。电机转子上有多极磁环用来扫描两个霍尔传感器Hall A和Hall B。两个霍尔传感器Hall A和Hall B能够识别电机转子的转速和转动方向，两个信号可以给微控制器反馈转动的极位数，从而使电机在工作固定行程后停止控制工作，保证驻车棘爪准确切入棘轮和脱出棘轮。

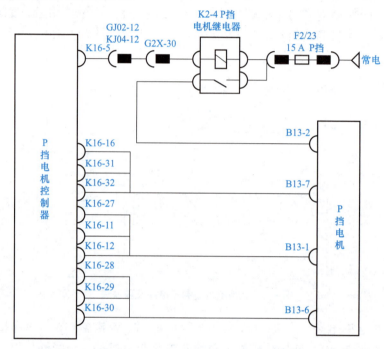

图9-8　P挡控制电机电路工作原理图

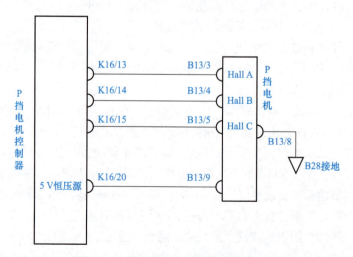

图9-9　P挡控制电机位置反馈控制电路

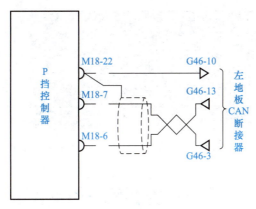

图 9-10　P 挡锁止 / 解锁信号输入电路

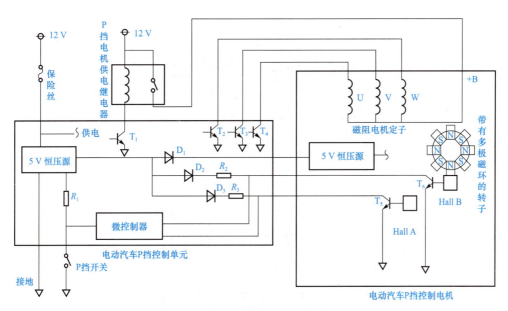

图 9-11　P 挡电机控制电路

9.2.3　驻车挡故障排除

（1）诊断仪是否能从减速箱控制器读取到挂 P 挡的信号，若不能说明换挡杆线控制器未供电工作或本身损坏。

（2）诊断仪若能从减速箱控制器读取到挂 P 挡的信号，仪表却不能显示 P 挡，说明执行电机的动作未完成，原因是电机未供电或损坏。

（3）若诊断仪显示"P 挡电机的位置错误"信号，表明带有位置传感器的 P 挡电机内的位置传感器损坏或新更换的 P 挡电机未进行基本设定。P 挡电机的位置错误信号引起左侧齿轮形状的 P 挡减速箱控制单元故障灯点亮（图 9-12），"P 挡电机的位置错误"信号引起的车辆故障灯点亮将使车辆无法行驶。

图 9-12 减速箱控制单元故障灯点亮(右上侧红色"齿轮"形状)

9.3 典型工作任务 1:吉利驻车挡锁止电机数据分析

9.3.1 驻车挡锁止数据界面

在图 9-13 中选择驻车挡(P 挡)控制单元(PCU)进入诊断界面。

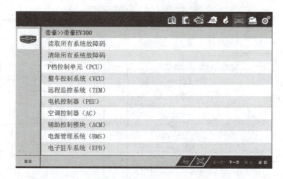

图 9-13 驻车挡(P 挡)控制单元(PCU)

在图 9-14 中分析驻车电机的工作状态。

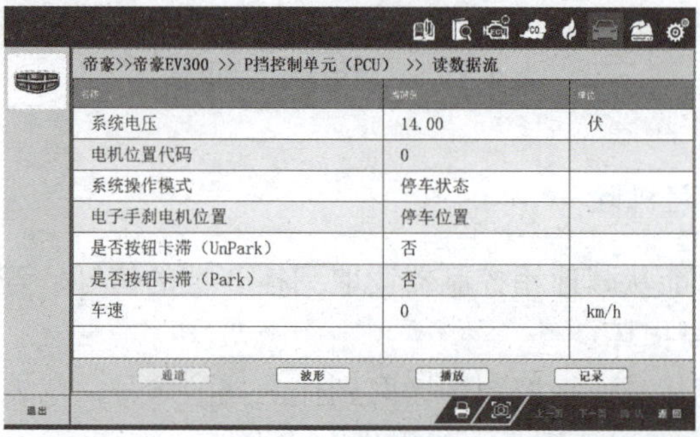

图 9-14 驻车挡(P 挡)控制单元(PCU)数据流

9.3.2 驻车挡锁止数据

吉利 EV300 电动汽车驻车挡数据分析见表 9-1。

表 9-1 吉利 EV300 电动汽车驻车挡数据分析

名称	当前值	单位	数据解析
电机位置代码	0		P 挡的位置代码为 0，解除后为 1
系统操作模式	停车状态		驾驶员 P 挡申请通过后，已执行完成 P 挡
电子手刹电机位置	停车位置		通过位置传感器反馈电机工作两个极点的位置
是否按钮卡滞（Unpark）	否		通过电机电流检测是否卡滞
是否按钮卡滞（Park）	否		通过电机电流检测是否卡滞
车速	0	km/h	车速接近 0 时，才允许驻车锁电机执行锁止操作

9.4 典型工作任务 2：比亚迪驻车挡锁止数据分析

9.4.1 驻车挡锁止数据界面

按图 9-15 所示比亚迪 E6 驻车锁电机检查入口选择。

如图 9-16 所示为比亚迪 E6 驻车锁电机数据。

图 9-15　比亚迪 E6 驻车锁电机检查入口　　图 9-16　比亚迪 E6 驻车锁电机数据

9.4.2 驻车挡锁止数据分析

P 挡电机或其反馈用的霍尔位置传感器产生故障码的情况极少出现，在这极少出现的情况中，P 挡电机本身出现故障或反馈用的位置传感器出现故障的概率也极小。

编者在实践中，以及在几家服务站的调研中发现这种故障本身多为线束两端的连接器存在松动的问题。

松动原因多为线束两端的电机和 P 挡控制 ECU 的公插针有质量问题，也有部分是线束两端的连接器中的母插座存在松垮现象。

第 10 章
电动汽车故障分析方法

能说出电动汽车的故障现象；
能说出不同的故障现象的原因；
能说出不同的故障现象诊断方法。

能利用故障分析方法排除电动汽车故障。

10.1 电动汽车无 IG 挡仪表显示异常

10.1.1 故障现象

按下供电开关第一次，收音机显示屏点亮，有的车型并伴随一定的开机声音，说明 ACC 供电正常；但按下供电开关第二次，仪表无显示（图 10-1）或显示屏信息不正常（图 10-2），有的汽车伴随有防盗提示，并有转向灯闪烁，报警喇叭响起（图 10-3）。

图 10-1 典型吉利纯电动汽车无 IG1 供电故障现象

图 10-2 典型吉利纯电动汽车无 IG2 供电自动切屏后的显示故障现象

图 10-3 典型吉利纯电动汽车无 IG2 供电初始故障现象

10.1.2 故障原因

（1）电源管理系统无供电或搭铁；
（2）电源管理系统执行器中的 IG 继电器未工作（图 10-4、图 10-5）；
（3）或连 ACC 挡也没有，可能是供电开关（SSB）故障；
（4）或连 ACC 挡也没有，可能是电源管理系统故障。

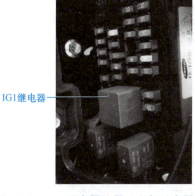

图 10-4 IG1 继电器位置（上部继电器）

图 10-5 IG2 继电器位置（右侧 12 号继电器）

10.1.3 诊断过程

观察供电开关指示灯在操作供电开关时是否正常,若指示灯无显示说明电源管理系统未工作,检查电源管理系统常供电或搭铁故障。

10.2 电动汽车无法启动故障

10.2.1 故障现象

踩下制动踏板,按下供电开关,仪表上电就绪,指示灯"READY"无显示,踩下加速踏板汽车不能行驶。仪表显示整车控制器存储有故障码,并可能有电池故障灯亮起。

正常的上电就绪指示灯显示如图 10-6 所示,不能上电就绪时的显示如图 10-7 所示。

图 10-6 吉利 EV300 启动正常时的仪表显示

图 10-7 吉利 EV300 无法正常启动时的仪表显示(红色整车控制故障灯亮)

10.2.2 故障原因

1. 供电或搭铁

无钥匙进入系统的电源管理系统常供电、IG 供电或搭铁故障。

2. 启动控制条件

(1)制动开关信号不能正常输入;

(2)换挡杆不在 P 挡；

(3)供电开关故障；

(4)电池管理系统、车载充电机、汽车变频器、整车控制器内存储有影响启动的故障码；

(5)高压互锁故障；

(6)低压互锁故障；

(7)总线故障。

3. 执行器输出故障

(1)启动继电器故障；

(2)启动继电器电路故障。

10.2.3 诊断过程

观察供电开关指示灯在操作供电开关时是否正常，指示灯无显示说明电源管理系统未工作，检查电源管理系统；踩下制动踏板，检查制动灯是否亮起，若亮起说明制动开关正常；检查仪表显示的挡位是否是 P 挡，若不是则将换挡杆置于 P 挡。

检查电源管理系统的启动继电器是否向整车控制单元申请启动，注意启动继电器只是瞬间工作，触点闭合一下就断开。

读取电池管理系统是否有电池电芯老化、绝缘报警之类的故障码；读取电池管理系统是否有高压配电箱上电继电器故障。

读取整车控制单元内故障码，如有互锁故障检查整车控制器、变频器、PTC 加热器、电动空调压缩机之间的互锁电路，有则用电压法或电阻法检查互锁线；读取车载充电机控制单元是否有互锁故障，有则用电压法或电阻法检查互锁线；读取电池管理系统是否有互锁故障，有则用电压法或电阻法检查互锁线。

断开 12 V 蓄电池，并在 OBD 自诊断插头处检查 CAN 总线的 CAN-H 和 CAN-L 之间的总电阻是否为 60 Ω，若是则说明总线终端的两个控制单元在网络上，网络可以运行。但 CAN 总线终端内的控制单元无法识别是否在网络上，可用诊断仪进入相应的控制单元，若能进入读取说明分支总线没有问题，若不能读取则要检查相应控制单元的电源和搭铁。若相应控制单元的电源和搭铁正常，则可通过断开相应控制单元的插头连接，找到 CAN 总线的 CAN-H 和 CAN-L，并从其他单元的 CAN 总线的 CAN-H 端和 CAN-L 端测量本控制单元的 CAN 总线的 CAN-H 和 CAN-L 的导通情况。

10.3 电动汽车加速无力故障

10.3.1 故障现象

踩下制动踏板，按下供电开关，仪表上电就绪指示灯显示"READY"正常，踩下加速踏板汽车行驶无力。

10.3.2 故障原因

1. 变频器冷却故障

变频器内逆变桥过热进入降功率输出导致加速无力故障。

2. 电机故障

（1）电机过热引起变频器内逆变桥进入降功率输出导致加速无力故障；

（2）永磁电机转子失磁引起的加速无力；

（3）定子线圈局部匝间短路故障。

10.3.3 诊断过程

读取变频器的故障码和数据流，若是逆变桥过热进入降功率输出导致加速无力故障，则检查电机的冷却系统。另外，读取变频器电机定子线圈温度的故障码和数据流，检查是否为电机定子线圈温度过高的故障。通常两种温度过高会同时出现，应做如下检查：

（1）冷却系统冷却液不足；

（2）电动冷却液泵损坏；

（3）电动冷却液泵继电器损坏；

（4）散热器风扇电路故障；

（5）线路故障。

只有在变频器无故障、冷却系统无故障的情况下，才怀疑电机转子和定子故障，应进行如下检查：

（1）用高斯表测量电机转子表面的磁通量，检查是否失磁；

（2）用 LCR 表测量定子各相线圈的电阻、电感是否平衡。

10.4 电动汽车无法充电故障

10.4.1 故障现象

打开交流充电口，插入小功率或大功率交流充电枪，仪表不显示充电连接符号或只显示充电连接符号，但不显示充电过程。在打开点火开关的情况下没有充电电流和充电时间显示。

不充电故障也可以是充电时间过长，中途有降电流充电或间歇停充的现象。

正常关闭点火开关后的充电仪表显示如图 10-8 所示，这时仪表有充电连接指示灯、正充电指示灯、正充电动态指示灯，仪表是由 CC 先唤醒辅助控制模块（ACM），辅助控制模块（ACM）再唤醒电池管理系统（BMS）接通电池箱内的充电继电器。

打开点火开关后的充电仪表显示如图 10-9 所示，这时仪表有充电连接指示灯、正充电指示灯和充电剩时间显示。

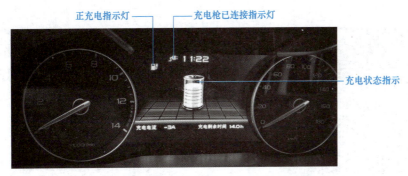

图 10-8　CC 唤醒后正常充电时的仪表显示

图 10-9　点火开关唤醒后正常充电时的仪表显示

10.4.2　故障原因

1. 电池、电池管理系统（BMS）及高压配电箱故障

（1）纯电动汽车长期不行驶，无充放电过程导致电池电芯老化严重，或电池箱进水绝缘下降。

（2）电池管理系统（BMS）供电和搭铁故障。

（3）对于高压配电箱内置在电池箱中时，电池管理系统（BMS）自诊出上电继电器故障。

2. 充电机系统故障

（1）充电机控制单元供电和搭铁有故障。

（2）充电机控制单元未被电池管理系统（BMS）唤醒。

（3）充电机高压保险丝断开。

（4）CC 充电口和充电枪连接故障。

（5）交流充电桩 CP 和汽车辅助控制模块（ACM）通信线断开。辅助控制模块（ACM）位置如图 10-10 所示。

（6）电池管理系统（BMS）未唤醒车载充电机（OBC）故障。车载充电机（OBC）

位置如图 10-11 所示。

（7）线路故障。

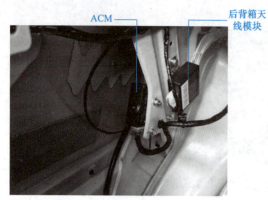
图 10-10　充电辅助控制模块位置（左侧黑色盒）

图 10-11　车载充电机内置充电机控制单元

3. 辅助控制模块（ACM）系统故障

（1）辅助控制模块（ACM）系统未被 CC 唤醒故障。

（2）辅助控制模块（ACM）系统未接收到来自 CP 端的导引脉冲信号。

（3）线路故障。

4. 充电枪故障

（1）充电枪 L、N、PE 与枪座间接触不良，在充电时发热，充电枪温度传感器检测到充电枪温度升高。

（2）辅助控制模块（ACM）系统未接收到来自 CP 端的导引脉冲信号。

（3）线路故障。

5. 冷却系统故障

（1）冷却系统冷却液不足。

（2）电动冷却液泵损坏。

（3）电动冷却液泵继电器损坏。

（4）散热器风扇电路故障。

（5）线路故障。

10.4.3　诊断过程

先确定是不充电还是充电时间过长。若是充电时间过长则重点在冷却系统查找故障，例如：摸一下充电机壳体是否过热，若过热则进行如下检查：

（1）冷却液在储液罐内的高度（图 10-12），若不足应补加到正常高度范围。

图 10-12　储液罐冷却液液面高度检查

（2）用听诊器听水泵是否转动，并听泵内是否有气体"打嗝"的声音（图10-13），若有气体"打嗝"的声音则需要对管路进行排气。

图 10-13　冷却系统气体"打嗝"检查

（3）当冷却液管烫手时，散热器风扇应高速转动。

若是不充电故障，则按以下顺序排除故障：

（1）排除电池、电池管理系统及高压配电箱故障，特别是电池老化，要更换电池。对长期行驶的电动汽车，初次出现的电芯老化偶尔能充电，在接下来的充电、行驶中故障可能会消除。

（2）充电枪故障，如充电枪和充电座间隙增加，充电时过热，这时应更换新的充电枪和充电座。

（3）电池管理系统（BMS）线路、车载充电机（OBC）线路、辅助控制模块（ACM）线路及控制单元本身故障。

附 录
纯电动汽车电路图

吉利 EV300 纯电动汽车电路图如附图 1～附图 26 所示。

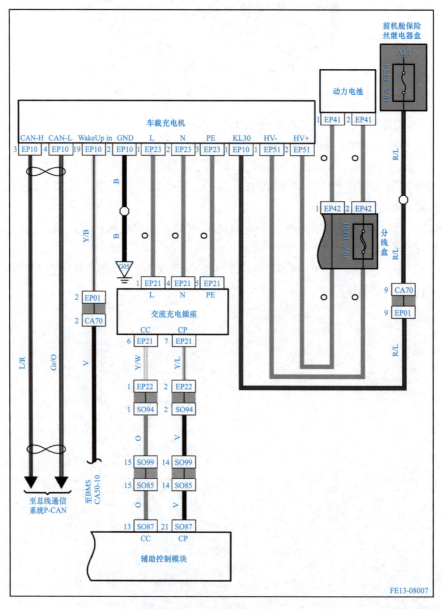

附图 1　交流充电系统

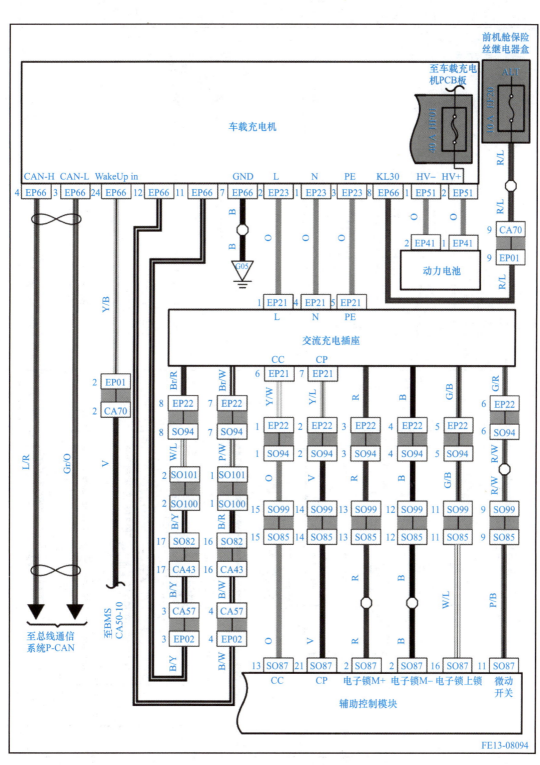

附图2 交流充电系统水冷配置

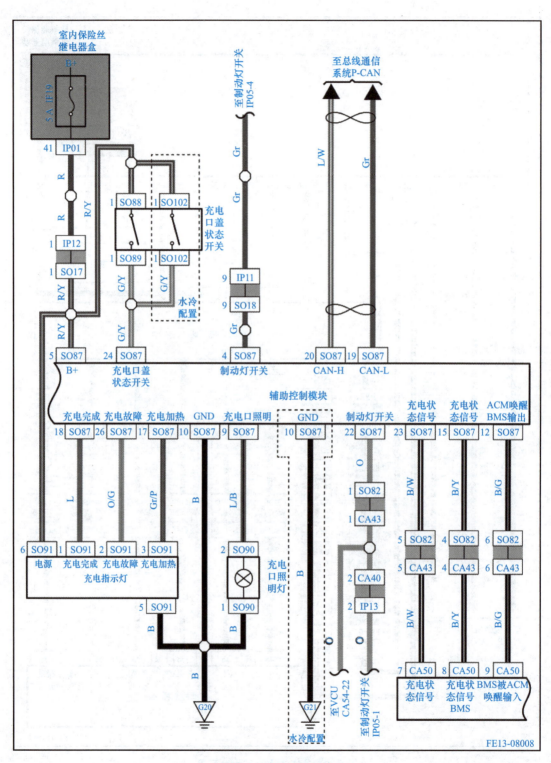

附图3 辅助控制系统

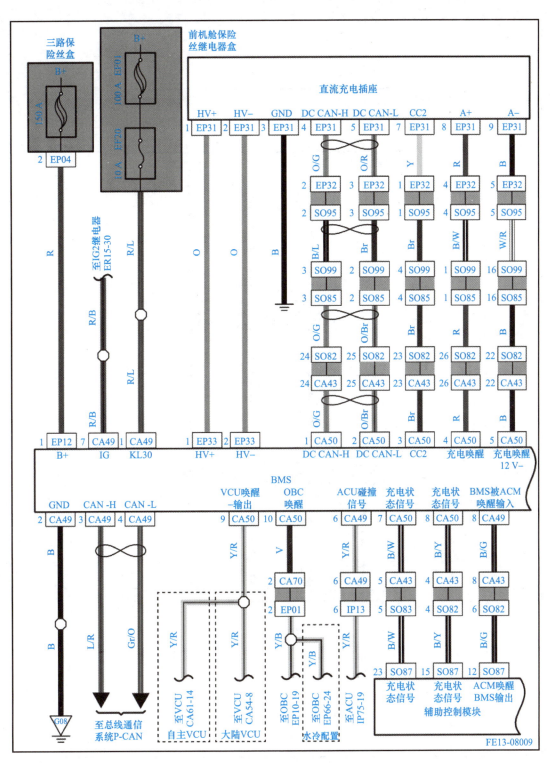

附图4 动力电池控制系统

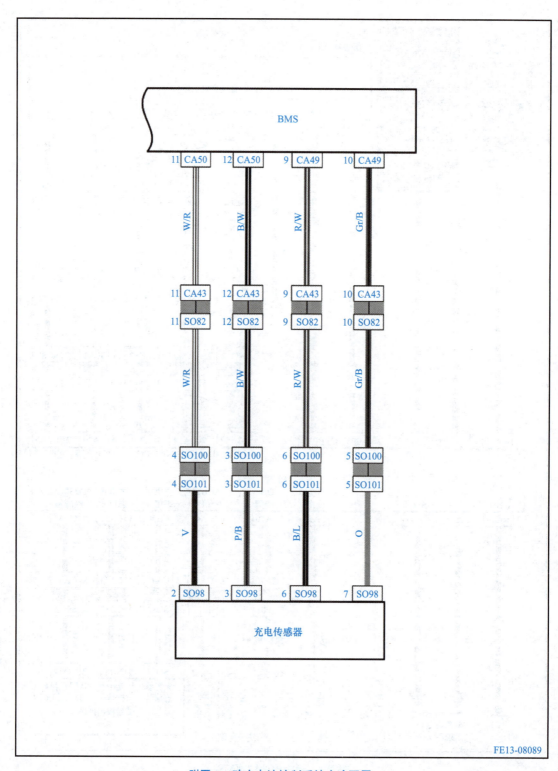

附图 5　动力电池控制系统水冷配置

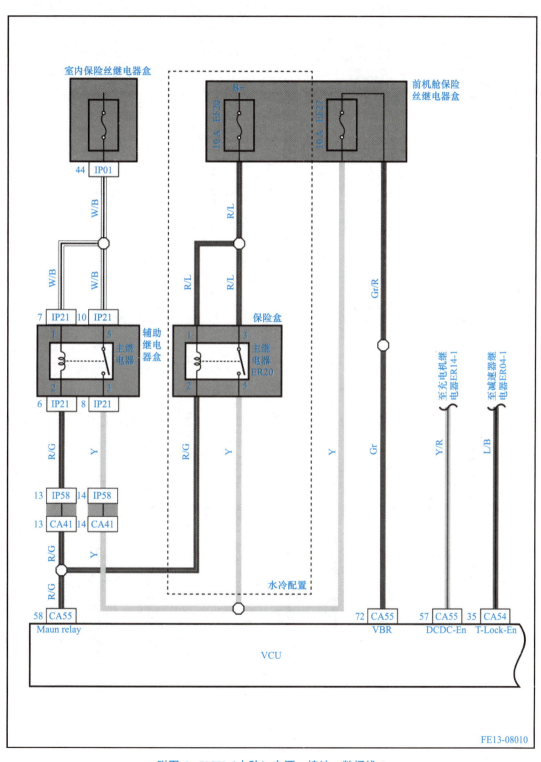

附图6 VCU（大陆）电源、接地、数据线1

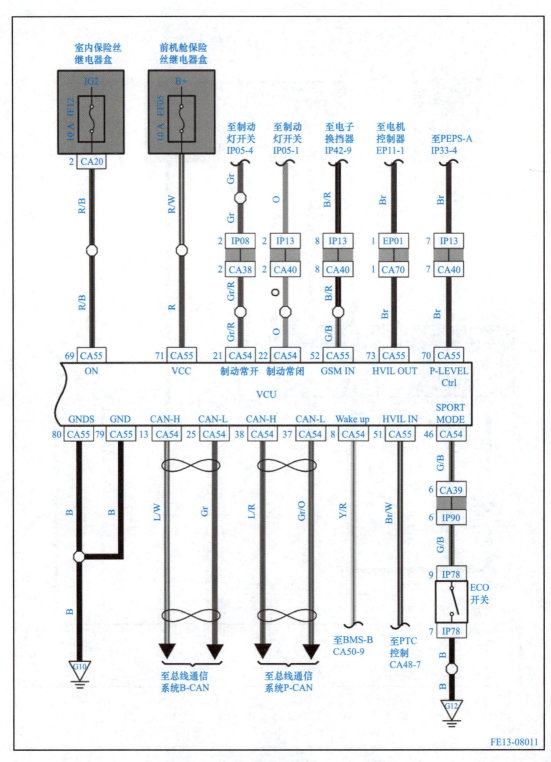

附图7 VCU（大陆）电源、接地、数据线2

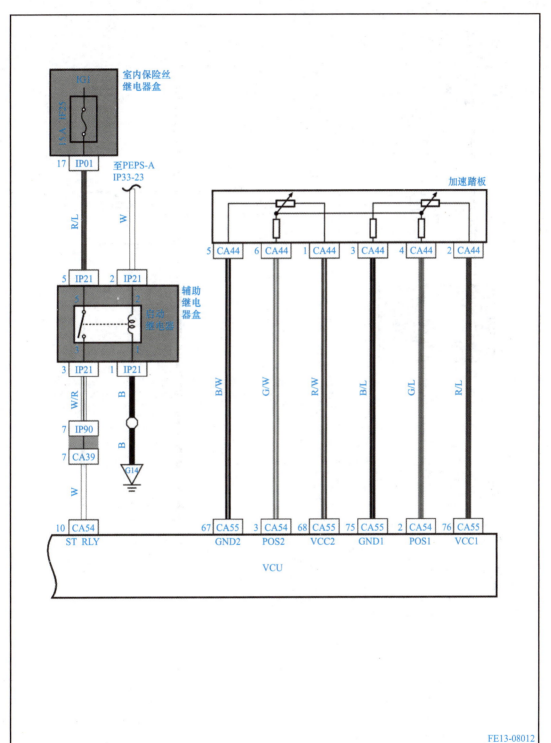

附图8 VCU（大陆）加速控制

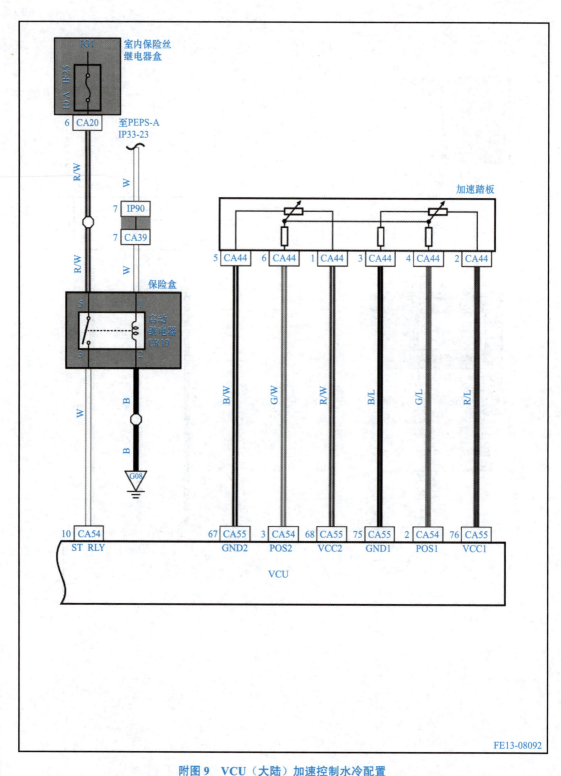

附图 9 VCU（大陆）加速控制水冷配置

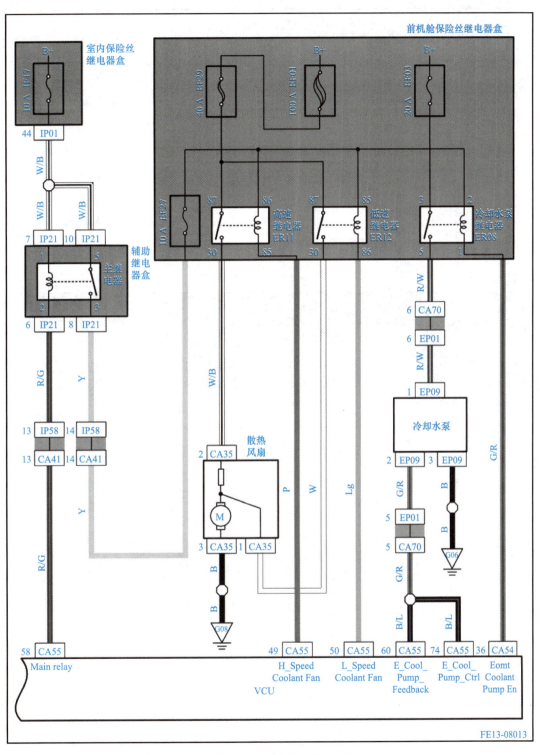

附图10 冷却系统（大陆VCU）

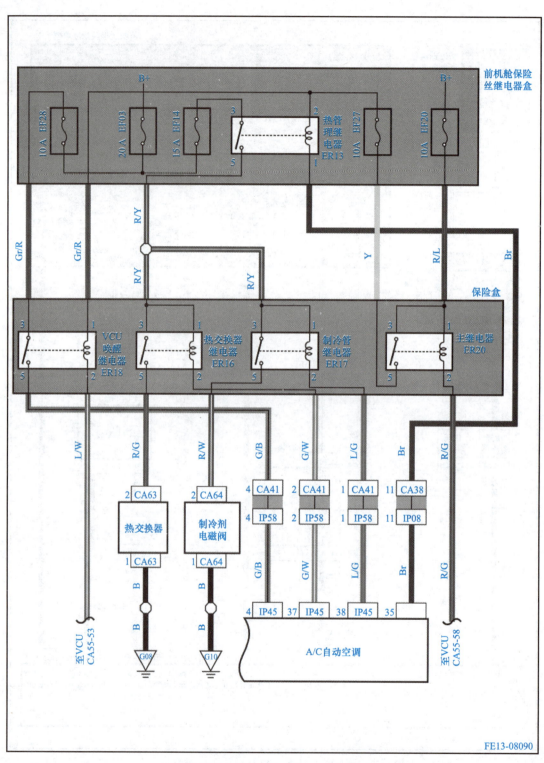

附图11 冷却系统（大陆VCU）水冷配置1

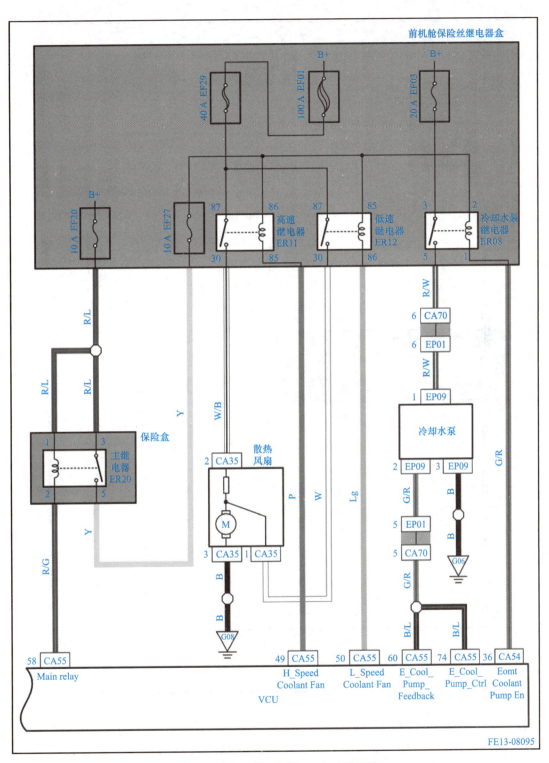

附图 12　冷却系统（大陆 VCU）水冷配置 2

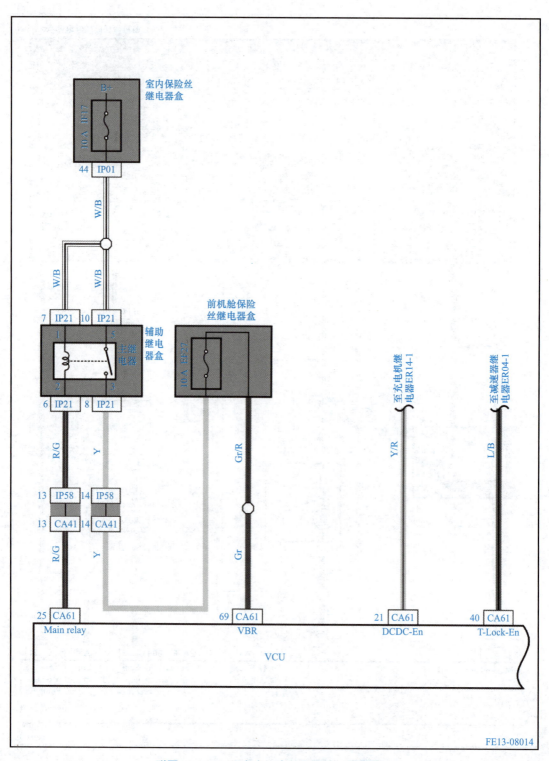

附图13 VCU（自主）电源、接地、数据线1

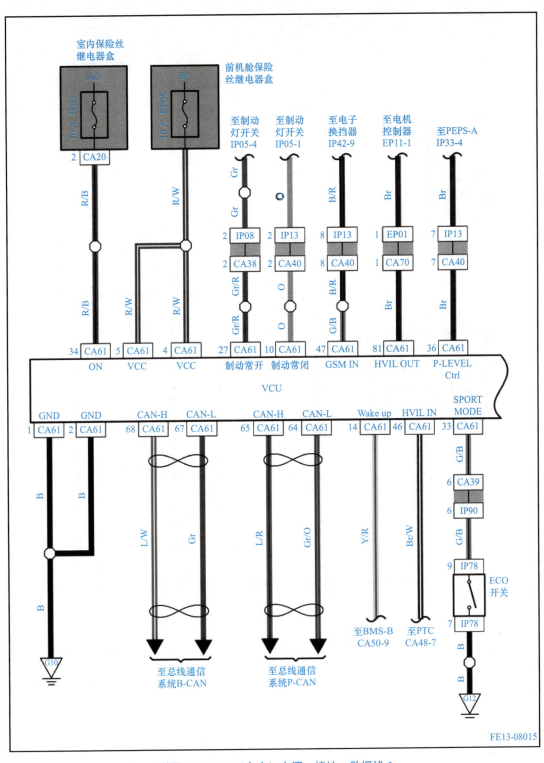

附图14 VCU（自主）电源、接地、数据线2

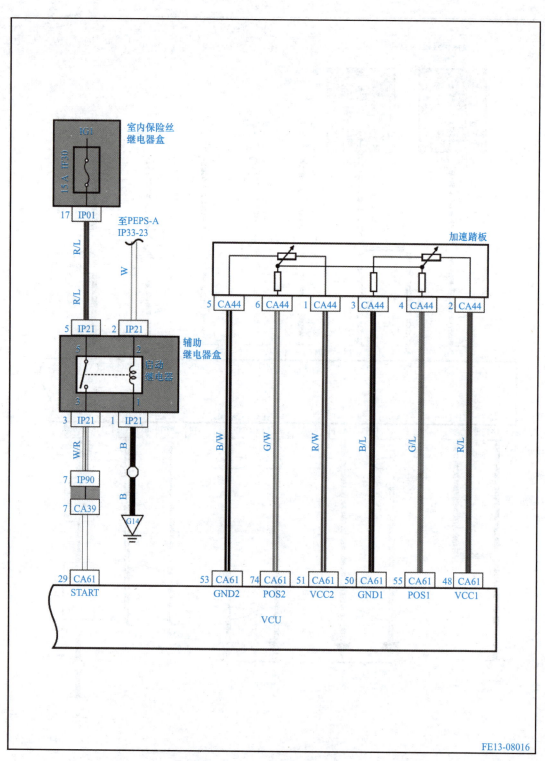

附图15 VCU（自主）加速控制

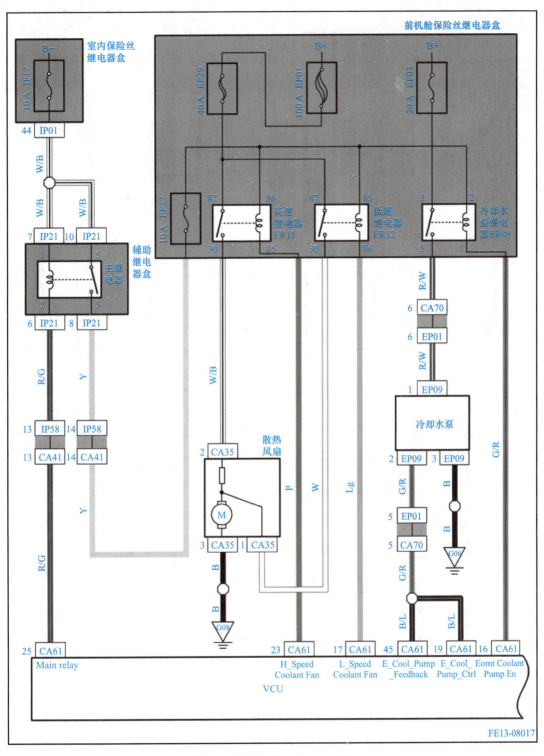

附图 16 冷却系统（自主 VCU）

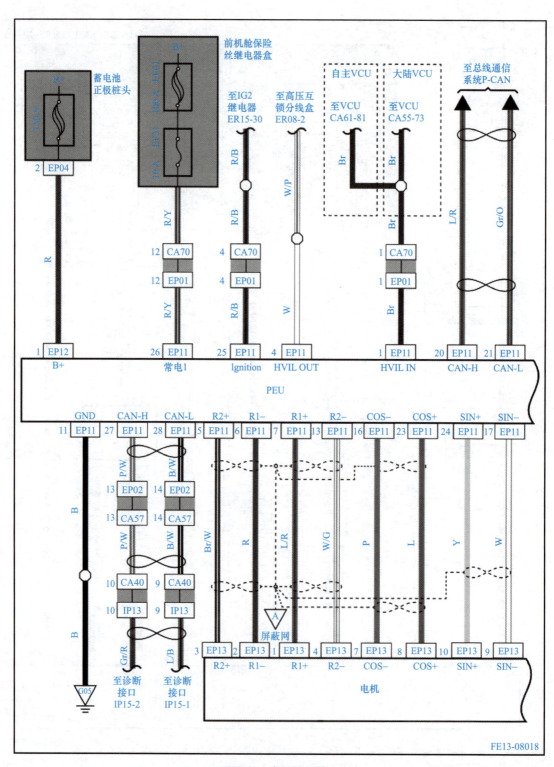

附图17　电机控制器1

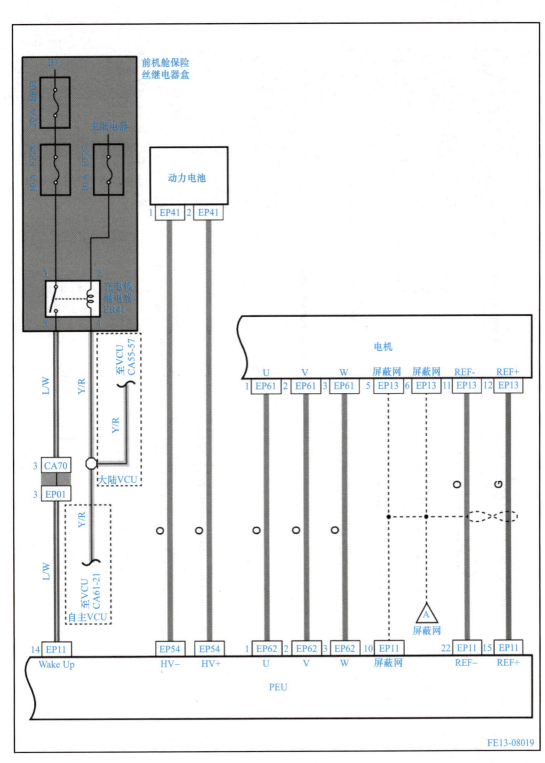

附图 18 电机控制器 2

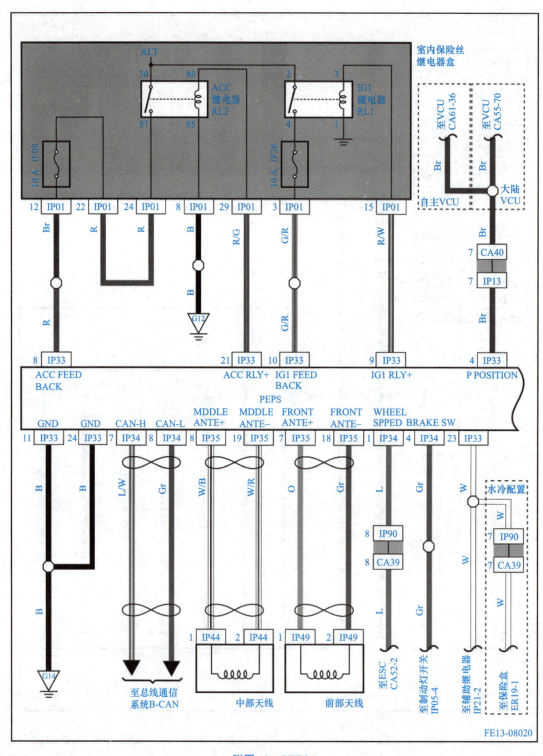

附图 19 PEPS1

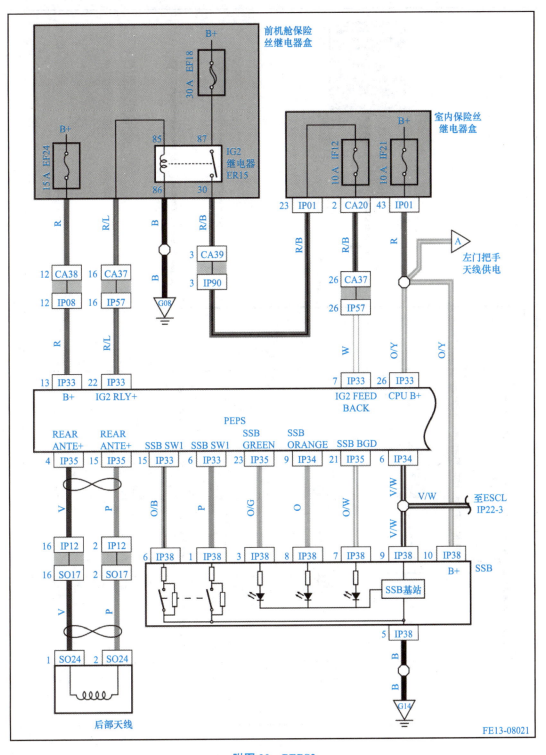

附图 20　PEPS2

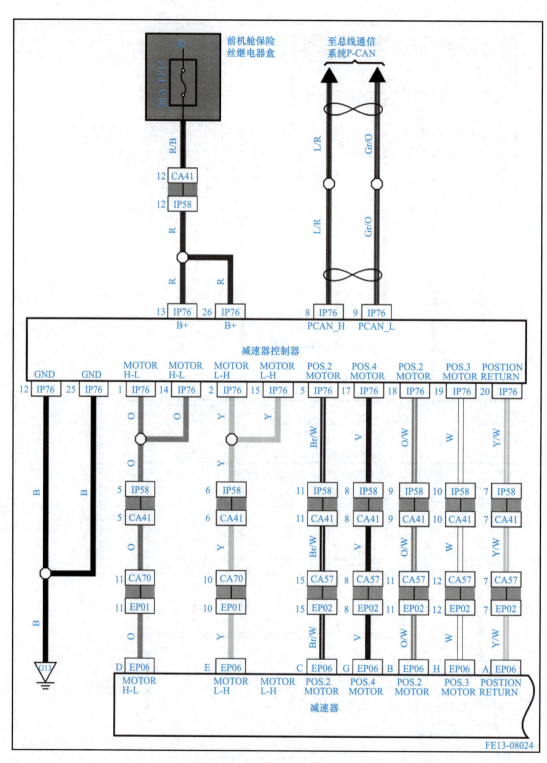

附图 21　TCU 电源、接地、数据线

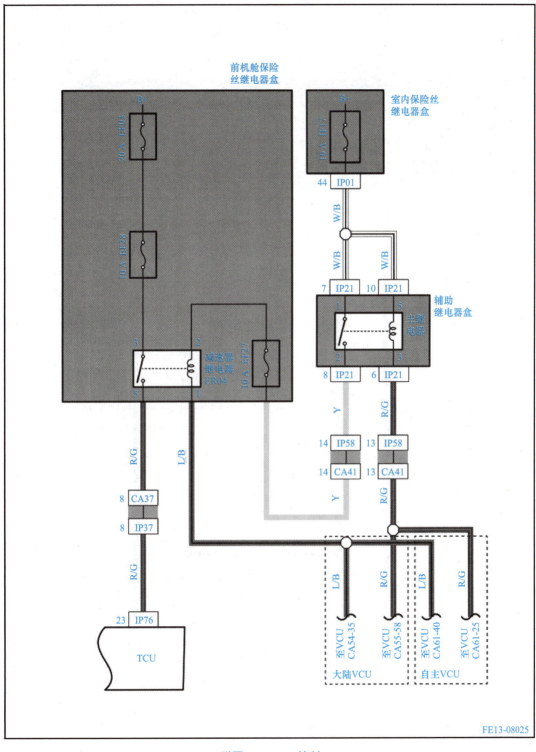

附图 22　TCU 控制

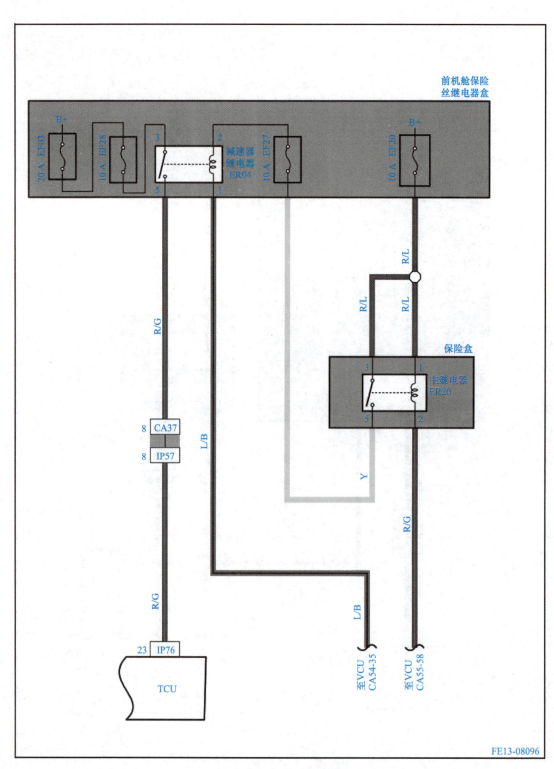

附图 23 TCU 控制水冷配置

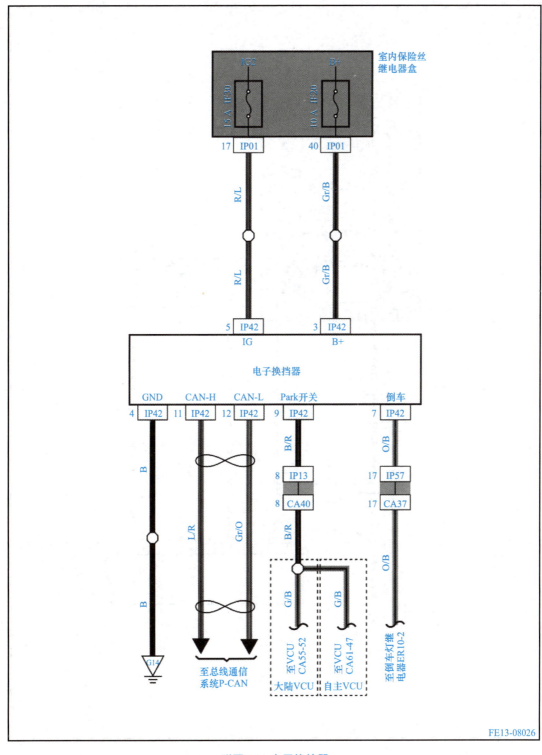

附图 24　电子换挡器

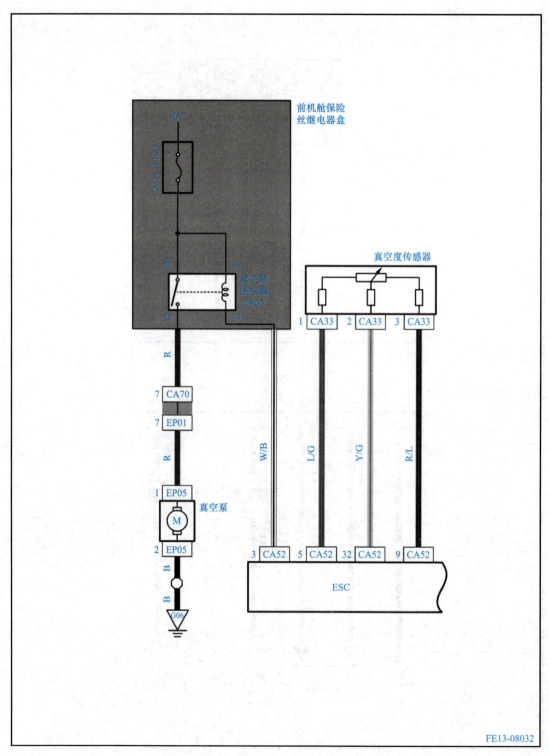

附图 25　ESC4

电子转向管柱锁

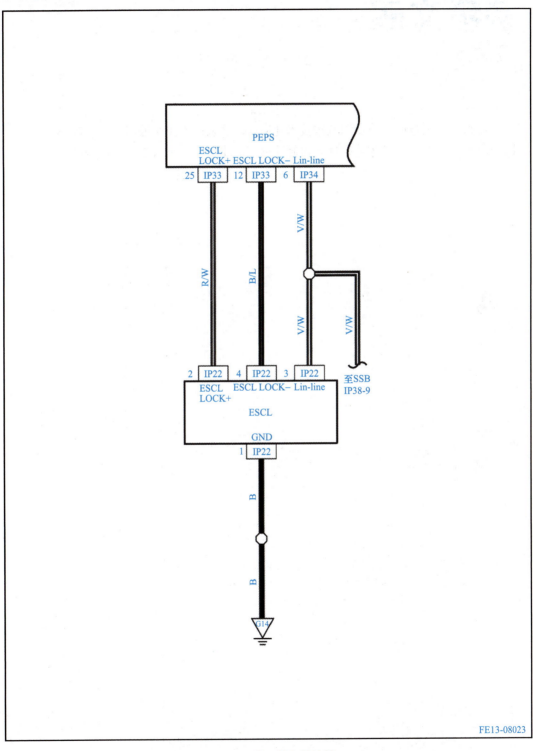

附图 26 电子转向管柱锁

参考文献

［1］赵振宁，王慧怡．新能源汽车技术［M］．北京：人民交通出版社，2013．
［2］赵振宁．电动汽车构造原理与检修［M］．北京：电子科技大学出版社，2018．

电动汽车构造原理与检修

学习评价手册

北京理工大学出版社

第 1 章　电动汽车组成

1. 根据图 1-1 写出纯电动汽车电力驱动系统组成。

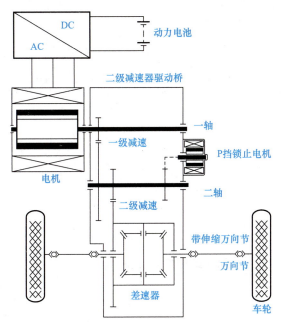

图 1-1　纯电动汽车电力驱动系统组成（前驱车型）

2. 画出四驱电动汽车示意图。

3. 画出电动客车电力驱动系统组成示意图。

4. 写出更换纯电动汽车冷却系统防冻液的步骤。
   _____
   _____
   _____

5. 写出更换纯电动汽车变速箱的齿轮油的步骤。
   _____
   _____
   _____

6. 画出表 1-1 中指示灯、故障灯和警告灯图案。

表 1-1 指示灯、故障灯和警告灯

仪表灯名称	图案	仪表灯名称	图案
电机及变频器故障灯		整车系统故障灯	
动力电池故障灯		动力电池断开指示灯	
动力电池过热警告灯		高压上电就绪指示灯	
绝缘等级低警告灯		经济模式指示灯	
动力电池电量不足指示灯		运动模式指示灯	

第 2 章　电池及其管理系统

1. 写出三元锂离子电池的特点。
   _____
   _____

2. 写出磷酸铁锂离子电池的特点。
   _____
   _____

3. 写出固态锂离子电池的特点。
   _____
   _____

4. 写出吉利纯电动汽车电池箱内电池组合的特点。
   _____
   _____

5. 写出吉利纯电动汽车电池箱内的两种成组方式。
   _____
   _____

6. 写出电池箱的制冷和制热原理。
   _____
   _____

7. 写出更换纯电动汽车电池箱的步骤。
   _____
   _____

8. 写出如何更换纯电动汽车电池箱内的一组电池。
   _____
   _____

第 3 章　高压配电箱原理与诊断

1. 画出吉利纯电动汽车电池箱中继电器组的工作原理图。

2. 写出比亚迪 E6 纯电动汽车高压配电箱系统主继电器上电工作过程。

3. 写出在带电测量高压配电箱前进行正确防护的方法。

4. 写出带电测量高压配电箱诊断高压配电箱中的配电故障的步骤。

5. 写出更换纯电动汽车高压配电箱中的继电器、保险丝或电流传感器的步骤。

6. 写出电动汽车在高压配电箱中增加了什么设计才取消了检修塞。

_____

_____

7. 根据图 3-1 写出高压配电箱系统主继电器工作过程。

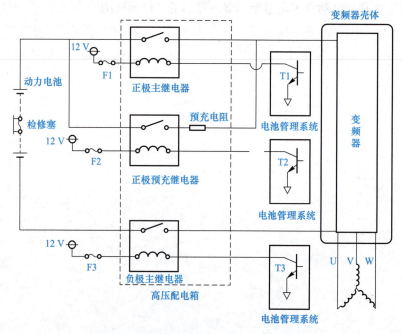

图 3-1　高压配电箱系统主继电器工作过程

_____

_____

第 4 章　电动汽车电机

1. 写出日常生活中控制电机和非控制电机的区别。

2. 写出电动汽车电机和工业电机的区别。

3. 根据图 4-1 写出永磁有刷电动机的工作原理。

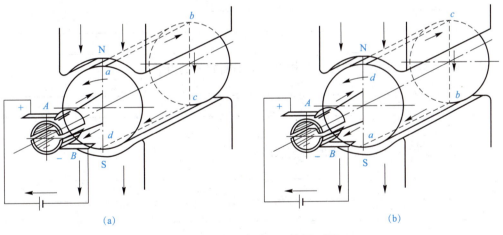

图 4-1　直流电动机工作原理图

4. 根据图 4-2 写出永磁无刷电动机的工作原理。

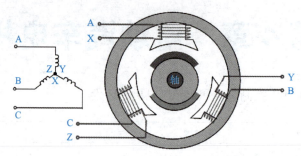

图 4-2　最简单的原始三相直流无刷电动机

5. 写出电机铭牌的表示内容。

6. 写出如何诊断汽车电机的定子和壳体的短路或绝缘下降故障。

7. 写出诊断汽车电机的定子三相电感不平衡故障的方法。

8. 写出诊断汽车电机转承的异响故障的步骤。

第 5 章　汽车变频器原理与诊断

1. 画出电机逆变桥的电路。

2. 写出电机的两两导通和三三导通的定义。

3. 写出吉利 EV300 变频器的内部元件组成和功能。

第6章 汽车充电原理与故障诊断

1. 写出电动汽车各种充电方式的优点、缺点。
   _____
   _____
   _____

2. 画出传导式充电的交流充电接口和直流充电接口图，并说明端子功能。
   画图区：

   端子功能：
   _____
   _____
   _____
   _____

3. 写出交流充电桩的充电控制过程。
   _____
   _____
   _____
   _____

4. 写出排除交流充电过程中的充电故障的步骤。
   _____
   _____
   _____
   _____

5. 写出排除直流充电过程中的充电故障的步骤。
   _____
   _____
   _____
   _____

第 7 章　直流/直流转换器

1. 根据图 7-1 写出纯电动汽车 DC/DC 转换器的工作原理。

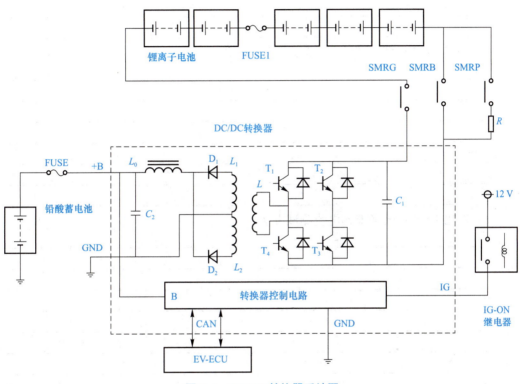

图 7-1　DC/DC 转换器系统图

2. 写出吉利 EV300 纯电动汽车 DC/DC 转换器的位置。

3. 写出 DC/DC 转换器不输出充电电压故障诊断步骤。

4. 写出排除吉利 EV300 纯电动汽车 DC/DC 转换器不输出充电电压故障的方法。
_____
_____
_____
_____
_____
_____
_____

5. 写出 DC/DC 转换器的电压测试方法。
_____
_____
_____
_____
_____
_____
_____

6. 写出 DC/DC 转换器的电流测试方法。
_____
_____
_____
_____
_____
_____
_____
_____
_____

第8章　电动汽车空调

1. 写出电动汽车制冷和制热方式的优点、缺点。

2. 写出电动客车热泵式空调的工作原理。

3. 写出 PTC 加热的控制过程。

4. 写出排除电动汽车空调不制冷故障的步骤。

5. 写出排除电动汽车空调不制热故障的步骤。

6. 写出用作记号法完成电动压缩机拆装的心得。

第 9 章　减速箱驻车挡

1. 画出纯电动汽车减速箱的结构图。

2. 画出线控驻车挡示意图，并能说明其工作原理。

3. 写出排除电动汽车驻车挡无法解除故障的方法。
_____
_____
_____

第 10 章　电动汽车故障分析方法

10.1　电动汽车无 IG 挡仪表显示异常

10.1.1　故障现象

10.1.2　故障原因

10.1.3　诊断过程

10.2　电动汽车无法启动故障

10.2.1　故障现象

10.2.2　故障原因
1. 供电或搭铁

2. 启动控制条件

3. 执行器输出故障

10.2.3 诊断过程

10.3 电动汽车加速无力故障

10.3.1 故障现象

10.3.2 故障原因
1. 变频器冷却故障

2. 电机故障

10.3.3 诊断过程

10.4 电动汽车无法充电故障

10.4.1 故障现象

10.4.2 故障原因
1. 电池、电池管理系统（BMS）及高压配电箱故障

2. 充电机系统故障

3. 辅助控制模块（ACM）系统故障

4. 充电枪故障

5. 冷却系统故障

10.4.3 诊断过程